KB033304

도시의 가치를 높이는

지역 매니지먼트

도시의 가치를 높이는
지역 매니지먼트

인쇄 2021년 7월 25일 1판 1쇄 **발행** 2021년 7월 30일 1판 1쇄

편저 고바야시 시게노리 · 모리기념재단 **공역** 이삼수 · 윤장식 · 송준환
펴낸이 강찬석 **펴낸곳** 도서출판 미세움
주소 (07315) 서울시 영등포구 도신로51길 4
전화 02-703-7507 **팩스** 02-703-7508 **등록** 제313-2007-000133호
홈페이지 www.misewoom.com

정가 18,000원

ISBN 979-11-88602-37-7 03320

도시의 가치를 높이는

지역 매니지먼트

고바야시 시게노리 · 모리기념재단 편저
이삼수 · 윤장식 · 송준환 공역

일러두기

1. 'area management'와 관련하여 우리나라에서는 지역관리 또는 지역의 관리운영 등으로 정의되고 있으나, 아직 명확한 용어의 정의는 없는 상태입니다. 일본에서는 약자로 에리마네(エリマネ)로 사용되고 있습니다. 이 책에서는 area management를 '지역 매니지먼트'로 표기하였습니다.

2. 원서의 용어와 추가 설명이 필요하다고 판단된 부분은 옮긴이 주 *로 표시하였습니다.

3. 인명, 지명 및 외래어는 굳어진 것은 제외하고 국립국어원의 외래어 표기법과 용례를 따랐습니다.

4. 여러 차례 저작권 협의 요청에도 불구하고 연락이 닿지 않아 저작권 협의를 거치지 못하고 게재한 사진에 대해서는 추후 협의 요청이 있을 시 응할 것임을 밝힙니다.

시작하며

이 책은 모리기념재단森記念財團이 2016년부터 진행하고 있는 〈지역 매니지먼트 조사연구〉의 내용 중 지역 매니지먼트 활동을 중심으로 '도시의 가치를 높이는 지역 매니지먼트 – 지역 매니지먼트 활동과 활동공간 –'을 정리한 것이다.

일본의 지역 매니지먼트 활동은 태동기부터 10여 년이 경과하였고, 지금은 본격적으로 활동을 추진하는 단계에 접어들고 있다. 그리고 2016년에는 전국 조직인 '전국 지역 매니지먼트 네트워크'가 결성되었다. 일본에서 지역 매니지먼트 활동은 다이마루유* 지역 매니지먼트 협회와 롯폰기 힐즈六本木ヒルズ 타운 매니지먼트의 활동에서 시작하였으며, 현재 지역 매니지먼트 활동은 다양하게 전개되고 있다. 또한 지역 매니지먼트 활동의 실천공간도 공개공지와 같은 민간토지에서 시작하여 도로공간, 공원공간 등의 공공공간으로 다양해지고 있다.

일본의 지역 매니지먼트 활동은 미국, 캐나다, 영국, 독일 등의

* 다이마루유大丸有는 오오테마치大手町, 마루노우치丸の内, 유라쿠초有楽町의 첫 글자를 따서 만든 용어다.

BID(Business Improvement District) 활동과 비교하더라도 다양하게 추진되고 있다고 생각한다. 따라서 일본의 지역 매니지먼트 활동의 실태와 활동이 이루어지고 있는 공간의 실제 사례를 소개한다. 지역 매니지먼트 활동과 관련한 새로운 가능성, 활동공간과 관련하여 공공과 민간의 연계 · 협력에 의한 적극적인 활용 가능성도 언급하고자 한다.

지역 매니지먼트 활동

지금까지 추진해 온 지역 매니지먼트 활동을 유형화하면, 먼저 지역이 안고 있는 과제를 해결하는 활동이다. 그다음으로는 지역이 가지고 있는 자산을 활용하는 활동이다. 이러한 활동을 실천함으로써 이해관계자 간의 유대는 강해지고 지역 매니지먼트 활동은 더욱 심화된다. 앞으로 사회동향 변화에 대응하기 위해 지역 매니지먼트는 '새로운 공공'을 실현하는 활동을 전개할 것이다.

구체적인 활동사례는 제2장에서 소개한다. 이러한 사례들을 정리하면 지역의 목표 만들기, 활력 만들기, 정보발신, 청소 · 방범, 커뮤니티 만들기, 관리 · 정비를 기본활동으로 하고 있다. 최근에는 방재 · 재해저감 활동, 환경 · 에너지 활동, 지적 창조, 교류 활동, 식습관 · 건강 활동 등이 추가되어 다양하게 진화되고 있다.

일본의 지역 매니지먼트 활동은 제3장에서 소개한 해외의 BID 제도를 참고하고 있지만, 해외의 BID 활동과는 어느 정도 차별화된 활동들이 진행되고 있다.

지역 매니지먼트 활동공간

지역 매니지먼트 활동공간의 다양화와 관련해서는 제4장에서 정리하여 소개하였다. 지역 매니지먼트 활동공간은 공개공지와 아트리움 공간 등의 사유지에서의 공적 공간을 비롯하여, 최근에는 도로공간, 수변공간, 그리고 공원공간 등의 공공공간으로 확대되고 있다.

또한 지역 매니지먼트 활동과 관련한 공간 이용의 관계주체는 지역 매니지먼트 단체, 지역의 토지소유자, 실제 지역 매니지먼트 활동을 주최하는 주최자, 도로 · 공원 등의 관리자 및 교통관리자 등의 행정관계기관 등 다양하다.

지역 매니지먼트의 공간 활용은 우선 지역 매니지먼트 단체가 이해관계자를 조정하는 역할을 담당할 필요가 있다. 이를 위해 '중개자' 및 '코디네이터'로서의 역할과 행정의 보완기능을 담당할 '공적인 입장'의 두 가지 역할이며, 이를 위한 실적을 쌓는 것이 중요하다. 이 책에서는 구체적인 활동을 실천하고 있는 지역 매니지먼트 단체의 활동을 소개한다.

그리고 공개공지, 아트리움 등과 같은 사유지에서의 공적 공간, 도로, 하천, 공원 등의 공공공간을 이용하는 절차 및 고려사항이 있으므로 이를 실천하고 있는 관계자의 의견도 참고하여 이용상의 절차를 소개한다. 공공공간 등을 이용하기 위한 규제완화를 비롯한 공공과 민간의 연계가 잘 이루어진 사례도 있다. 이러한 사례는 앞으로의 활동에도 중요하기 때문에 소개한다.

일본에서 공적 공간, 공공공간(이하, 공공공간 등이라 함)을 활용한 활동은 그다지 실적이 많지는 않다. 현재 각 지역에서 지역 매니지먼트 단체가 사회실험 등을 통해 그 가능성을 추구하고 있으며, 이러한 사회실험의 실제 사례도 소개한다. 또한 다양한 '칼럼'과 흥미로운 사례도 마련했다.

현재 지역 매니지먼트 체계를 제도화하는 움직임이 이미 오사카판 BID 조례와 같은 형태로 실현되고 있으며, 중앙정부에서도 2018년에 지역 매니지먼트 관련 제도인 지역재생 지역 매니지먼트 부담금제도로 실현되었다.

앞으로 활발한 지역 매니지먼트 활동을 기대하면서 이 책을 정리하였다.

2018년 5월 11일

고바야시 시게노리小林重敬

역자 서문

지역 매니지먼트area management라는 용어는 아직까지는 우리에겐 생소하다. 최근에 도시재생과 관련하여 타운 매니지먼트 또는 지역관리라고 소개되기도 하지만 그러기에는 이 의미가 너무 축소된 듯하다. 처음부터 가장 신경 쓴 부분이 area management를 우리말로 어떻게 전달할 것인가였다. 그만큼 이 용어가 내포하고 있는 의미가 크기 때문이다.

이 책의 번역과 관련하여 지역 매니지먼트에 관심을 가진 것은 대략 20년 전으로 거슬러 올라간다. 2002년 일본 박사과정 유학을 준비하면서 연구 주제를 고민하던 시기부터였다. 이 계기로 요코하마 국립대학 대학원 박사과정의 지도교수이시며 이 책의 편저자이신 고바야시 교수님(현 모리기념재단 이사장)과의 인연도 시작되었다. 자연스럽게 박사학위 논문 주제로 정하여 일본 방방곡곡의 지역 매니지먼트를 조사하여 2006년에 박사학위 논문으로 정리하였다. 그동안 고바야시 교수님은 지역 매니지먼트 관련 책을 꾸준히 발간하고 계셨고, 지난 2018년에 이 책의 번역서 발간을 논의한 후 3년이라는 시간이 지났다.

지금 일본의 지역 매니지먼트는 이미 15년의 경험이 축적되어 있으며, 이러한 경험을 고스란히 이 책에 소개하고 있다. 그리고 2000년대 초반에는 대도시 도심부를 중심으로 한 지역 매니지먼트 활동이 전국의 지방 중소도시로 확산되어 다양한 형태의 활동이 전개되고 있다. 무엇보다도 최근에 지역재생법에 지역 매니지먼트의 설치 및 재원 조달의 근거가 마련되어 지역 매니지먼트는 제도적인 틀을 견고히 갖추게 되었다.

이 책은 도시의 가치를 높이기 위한 지역 매니지먼트의 개념, 지역 매니지먼트의 활동, 해외 도시 매력을 만드는 BID 제도, 지역 매니지먼트의 활동공간 및 단체, 공공공간 등의 이용 및 활동 노하우, 그리고 향후 지역 매니지먼트 활동을 위한 평가와 재원 등을 소개하고 있다. 특히 지역 매니지먼트는 '새로운 공공'이 '새로운 공공성'을 구축해 가는 활동을 중요하게 다루고 있다. 도시재생은 주체적 공공이 내용적 공공성을 실현하고, 이를 실현해 가기 위해 공공이 절차적 공공성을 만들어 주는 의미에서 지역 매니지먼트가 시사하는 바가 크다.

우리나라의 도시재생도 이제 10년을 맞이하고 있다. 도시재생에서 도시재생뉴딜 그리고 향후 10년을 위한 새로운 도시재생의 방향성이 필요하다. 이러한 측면에서 지역 매니지먼트는 도시재생에서 중요한 방향을 제시할 수 있다. 도시재생에서 지역 매니지먼트는 지역의 힘을 어떻게 모으고 활용할 것인지가 중요하다. 이것이 바로 도시재생에서 지역 매니지먼트의 역할이다.

도시재생은 중앙정부-지자체-지역 주민의 거버넌스가 중요하다. 그리고 기존 공공 및 지역 주민뿐만 아니라 지역 기업과 지역에서 일하는 직장인, 방문객 등의 역할도 중요하다. 보다 넓고 다양한 주체가 실행력 있는 거버넌스를 구축하는 것이 지역 매니지먼트다. 이러한 측면에서 이 책이 우리나라의 도시재생과 지역 매니지먼트의 새로운 방향을 모색하는 새로운 길을 보여주기를 바란다.

이 책의 번역에 기꺼이 함께 해 주신 일본의 지역 매니지먼트 전문가이신 요코하마 국립대학의 윤장식 교수와 야마구치 대학의 송준환 교수께 특별히 고마움을 드린다. 그리고 책 발간을 위해 처음부터 많은 도움을 주고 인내로 기다려 준 미세움 임혜정 편집장과 관계자들께도 감사드린다.

마지막으로 흔쾌히 번역서 출간을 승낙해 주신 모리기념재단의 고바야시 이사장님과 자료 제공 등 물심양면으로 지원해 주신 모리기념재단의 소노다 선생께도 특별한 감사 말씀을 전한다.

2021년 7월

역자를 대표하여

이삼수 드림

차 례

제 1 장

도시의 가치를 높이는 지역 매니지먼트란?

지금까지 일본의 도시만들기는 도시 전체를 대상으로 대규모 단위로 생각하였다. 도로, 공원 등의 사회자본 정비가 먼저 이루어졌으며, 여기에 지역지구제 등의 규제가 적용되었다. 또한 민간이 하는 일정 규모의 개발은 시가지재개발사업이 있으며, 일반적으로 일정 규모 이상의 개발에는 개발 허가제가 있다.

그러나 고도성장기에는 오랜 기간 동안 성장을 전제로 하여 도시 간 경쟁이 지속되어 왔지만, 고령사회 및 인구감소 사회에 들어서면서 도시단위의 도시만들기를 고려한 도시재생의 한계가 명확하게 드러났다. 이러한 측면에서 우선 작은 단위인 지역area 차원의 재생을 도모하는 것에서부터 도시재생의 방향을 새롭게 전환해야 할 시점에 와 있다. 즉, 지금까지 하드웨어 정비가 중심인 도시 전체의 도시만들기를 대신하여 지역단위에서 지역가치를 높이기 위한 필요성이 인식되어 왔다. 이를 위해 지역재생을 도모하는 소프트웨어적인 지역 매니지먼트 활동이 주목받고 있다.

1–1절의 '지역 매니지먼트 활동이란 무엇인가?'에서는 지역 매니지먼트 활동을 지역 관계자가 추진할 수 있는 동기부여로서 '지역의 문제를 해결한다', '지역의 자원을 활용한다', '새로운 공공을 실현한다'라는 지금까지의 지역 매니지먼트 활동과 최근 새롭게 추진하고 있는 지역 매니지먼트 활동 사례를 소개한다. 또한 앞으로 새로운 시대에 부합하거나 이를 선도했던 지역 매니지먼트 활동으로 지역에서

도쿄역 마루노우치역 앞 광장과 교코 거리

시행되고 있는 몇 개의 사례를 소개하고, 이러한 동향을 지원하는 정책 · 제도의 필요성도 언급한다.

1-2절의 '기본적인 생각 및 방법'에서는 지역 매니지먼트 활동이 지역 관계자들의 유대로 유지되는 것과 이 유대가 생겨나게 된 계기, 동기에 대한 구체적인 사례도 설명한다. 또한 지역 매니지먼트 활동의 근본인 '유대'의 내용이 '상호주의'*, '신뢰'로 나타나고, '지역 매니지먼트는 민간의 유대와 연계에서 시작한다'는 사례도 설명한다. 지역 매니지먼트 활동은 공공성을 담당한다. 여기에는 지역 매니지먼트 활동의 효과가 지역 외부로 스필오버**되면서 생기는 공공성과 적극적으로 새로운 시대에 대응한 지역 매니지먼트 활동을 추진해 오고 있다는 의미에서 공공성이 있음을 설명한다. 게다가 공공성을 실현하기 위해서는 민간과 공공의 연계가 결여되지 않아야 한다. 즉, 지역 매니지먼트가 민간만의 활동이 아니라 공공과의 연계로 보다 효과 있는 공공성을 가진 지역 매니지먼트 활동으로 발전하는 것을 "지역의 가치를 공공과 민간의 연계로 높인다"라고 설명하고 싶다.

* 물건이나 서비스를 서로 주고 받는 것 또는 그것에 근거한 제도. 인터넷상에서는 일방적인 정보 제공이 아니라 양방향 소통을 의미한다. 일본어로는 호수성互酬性, 영어로는 reciprocity로 쓰임.

** 스필오버spill over는 어떤 현상이 인접 지역에도 영향을 끼치는 것을 말한다.

1-1

지역 매니지먼트 활동이란 무엇인가?

도라노몽 지구 신토라 거리의 여행하는 스탠드(제공: 모리 빌딩 주식회사)

지역 매니지먼트 활동의 시작

지역 매니지먼트 활동을 추진하기 위해서는 지역 내 다양한 주체와의 밀접한 관계를 구축하고, 이를 통해 과제, 가치관 등의 공유가 필요하다. 따라서 지역 매니지먼트를 책임질 주체는 지역 내의 이해관계자를 연결하고, 가치관의 공유를 촉진하는 등의 대책을 마련해 나가는 것이 필요하다. 이는 1-2절에서 기술한 "지역 매니지먼트는 민간의 유대로부터 시작한다"이다. 예를 들어 먼저 지역의 많은 이해관계자들이 공통된 과제로 인식하고, 동시에 비교적 쉽게 협동하고 해결 가능한 활동부터 시작해야 한다. 반대로 지금까지 없었던 활동을 사회실험으로 추진해 가면서 지역 내 가치관을 공유하는 것이 필요하다.

지금까지 지역 매니지먼트 활동을 유형화하면, 지역이 내포하고 있는 과제를 공유하고, 이 과제를 해결하기 위한 활동과 지역이 가지고 있는 자산을 활용하며, 지역활성화에 관계자들이 협동하여 대응하는 활동으로 정리할 수 있다. 이러한 활동을 실천함으로써 지역 관계자들 간의 유대가 강해지고, 지역 매니지먼트 활동은 심화된다. 또한 장래 지역의 바람직한 방향성을 고려하여 향후 사회동향 변화에 맞는 지역 매니지먼트 활동, 즉 '새로운 공공성'을 담당할 활동을 시작하는 것도 고려할 수 있다.

일본의 지역 매니지먼트 활동은 해외의 BID 제도를 참고하고 있다. BID 제도의 명확한 정의는 없지만, 일반적으로는 확정된 지역 내 부동산 소유자와 사업자로부터 징수한 부담금으로 그 지역의 유지관리, 개발, 프로모션을 실시하는 구조다.

BID 단체의 활동은 'Clean & Safe'의 청소, 방범활동이 기본적이며, 공공시설의 유지관리를 포함한 '행정의 추가 서비스'와 마케팅, 프로모션 등의 '상업 · 산업진흥 서비스'로 구분할 수 있다. 일반적으로 미국의 BID는 전자, 영국의 BID는 후자의 활동에 중점을 두는 경향이 있다.

구체적으로 미국의 BID 활동내용을 보면, 청소, 방범치안 유지가 중심인 단체가 많지만, 주차장 · 교통서비스, 집객 · 수익활동, 공공공간의 매니지먼트, 사회사업, 비즈니스 유치 등의 활동을 추진하고 있다.

반면 미국과 비교하면 영국은 지역의 활력창출 등 상업 · 산업진흥 서비스에 중점을 두는 경향이다. 이는 지역 매니지먼트 단체를 구성하고 있는 중심 주체가 상업시설 관계자이기 때문이다.

즉, 일본에서는 2018년에 제정된 지역 매니지먼트 제도가 방문객 증가로 인한 사업기회의 확대 및 수익성 향상을 도모하여 지역재생을 실현하는 것이 제1의 목적이며, 이는 영국의 BID 제도와 가까운 활동을 기대하고 있다.

지역의 과제를 해결한다

지역 매니지먼트가 지역의 과제해결을 위해 초기에 하는 활동이 일본에서도 지역 청소다. 앞에서 설명한 바와 같이 청소는 방범과 함께 외국 BID의 가장 기본적인 활동이다. 특히 청소는 지역 내 관계자의 협동으로 진행하고 지역 매니지먼트 활동의 단초를 제공한다. 또한 많은 도시에서 중심상점가 등 쇠퇴문제의 대응이 시급한데, 특히 많은 지방도시가 지역의 활력을 되찾기 위해 노력하고 있다. 이를 위해 지역 매니지먼트 활동은 시가지에서 사람들을 끌

어들여 지역에 활력을 만들어내는 다양한 이벤트 활동을 추진하고 있다. 많은 지역에서 실시하고 있는 활동으로는 여름철의 물 뿌리기 행사가 있다. 이것은 대도시 도심부의 열섬heat island현상을 해결하기 위한 시민의식을 함양하는 활동인데, 많은 사람이 한꺼번에 참여할 수 있다는 점에서 협동활동으로서의 의미도 있다.

한편으로 이와 같은 일반적인 과제해결과는 다른, 지역의 독자적인 과제를 해결하려는 지역 매니지먼트 활동도 있다. 예를 들어 간다히메지초神田姬路町를 중심으로 활동하고 있는 '일반사단법인 히메지 지역 매니지먼트'라는 단체가 '간다 와테라스'라는 재개발사업과 연계해 활동하고 있다. 이 히메지초 지역은 지역 주변이 대학촌이라 불리지만 지역에 거주하는 청년이 적었는데, 지역 매니지먼트 활동을 진행하면서 이것을 지역의 중요한 과제라고 인식하게 되었다. 이에 도쿄 도심이지만 재개발사업에 '학생맨션'을 포함하여 학생들도 거주할 수 있도록 임대료를 설정하였다. 그리고 공모형식으로 학생을 모집한 결과, 학생 거주자가 증가하고 있다. 이러한 영향으로 학생들이 지역 매니지먼트 활동에 적극적으로 참가하여 활발히 활동하고 있다.

요코하마역横浜駅 지구District에서는 서쪽 출구와 동쪽 출구 지구가 연계하여 '요코하마 지역 매니지먼트 협의회'가 설립되어 활동을 시작하였다. 동쪽과 서쪽 출구 양 지구의 토지소유자, 사업자가 지역 매니지먼트 단체를 설립하게 된 계기는 요코하마역의 수해 등의 취약성을 해결하기 위한 '요코하마역 대개조계획' 수립의 영향이다. 요코하마역 주변은 바다, 하천, 운하로 둘러싸여 있는데, 최근 다발성 집중호우, 지구온난화에 따른 만조 위협에 노출되어 있다. 요코하마역에서 사람들의 동선이 지하공간에만 한정된 것은 오랜 기간 동안 지역의 과제였다. 이에 요코하마역 주변 지구의 관계자가 참여하고 요코하마시가 중심이 되어 '요코하마역 대개조계획' 수립이 시작되었다. 이는 서쪽 출구 전체의 지반면을 올리는 장기적인 계획이며, 이외의 중요한 사업은 철도노선 상공에 데크를 설치하여 연결하고, 지하노선 이외에 상부에도 데크를 만드는 계획도 있다. 대개조계획과 관련된 다양한 민간개발도 철도노선 상공에 설치될 데크와 높이를 맞추어 연계함으로써 개발 간의 단차를 줄이는 등 고령사회의 대응에도 기여하고 있다.

지역의 자산을 활용한다

대부분 지역에는 지역 매니지먼트 활동과 관련하여 관계자들이 협력하여 활동할 수 있는 자원이 존재한다. 예를 들면, 역사적 건축물, 공원 등의 공간, 녹지, 하천, 도로공간, 가로경관, 지역특유의 기능과 활동장소 등이 있다. 지역에 존재하는 자원을 지역 관계자들이 먼저 확인하여야 한다. 이러한 자원들은 지역 주민들에게는 익숙하고 친숙하기 때문에 인식하지 못하거나 묻혀 있는 자원이기 때문이다. 지역 관계자들이 이러한 자원들을 찾아내는 작업과 지도로 정리하는 작업도 지역 매니지먼트 활동의 하나로 생각할 수 있다.

이러한 활동으로 지역의 자산을 어떻게 활용할 것인지를 고민하고, 지역에서 생각을 공유하는 심포지엄 및 논의의 장도 지역 매니지먼트 활동에서 매우 중요하다. 더욱이 지역자산을 활용하기 위한 계획수립, 가이드라인 작성을 지역 관계자들이 추진해야 한다.

예들 들면, 오사카大阪시 중심부에는 '미도스지御堂筋'라는 폭이 44m인 도로가 있다. 오사카시의 도심부를 남북으로 관통하는 중심도로로 정비되었으며, 2017년에 도로건설 80주년을 맞이하였다. 현재 도로구성은 중심부에 차도, 측도, 보도로 나뉘어져 있으며, 도로가 지역을 단절하는 단점이 있다. 건설 당시와는 사회환경도, 사람들의 이동형태와 주변 지역도 크게 변한 상황에서 미도스지 주변 관계자들 사이에서 미도스지를 공간자산으로 활용할 필요가 있다는 인식이 생겨나고 있었다. 미도스지 주변에는 '북쪽'에서 '남쪽'까지 여러 개의 지역 매니지먼트 단체가 설립되어 있다. 이러한 조직들은 미도스지를 중요한 공간자산으로 활용할 사회실험의 필요성을 제기하였다. 그 결과, 도로의 구조개선으로 측도를 폐지하고, 보도폭원을 확대하는 등 지역 매니지먼트 공간으로 활용할 사회실험을 위한 준비를 차근차근 진행하고 있다.

도라노몽虎ノ門 지구의 '신토라 거리新虎通り 지역 매니지먼트 협의회'에서는 지역의 중심인 신토라 거리가 재개발사업으로 보도폭원이 확대되어 새롭게 태어났으며, 이 공간을 자원으로 활용하기 위하여 보도 위에 건축물을 설치하고 상업점포로 활용하는 실험을 추진하고 있다. 이 상업점포는 원칙적으로 3개월마다 교대로 지방도시의 특색 있는 음식 등을 제공하는 '여행하는 신토라 마켓'으로 운영되며, 지방재생에 기여하는 역할로도 활용되고 있다.

그리고 지역 매니지먼트 단체의 관계자가 지역자원을 지도로 만든 사례로는, 도쿄 미나토구港區의 다케시바竹芝 지구에서 지역의 토지소유자를 중심으로 결성된 지역 매니지먼트 단체인 '다케시바 지역 매니지먼트 협의회'의 사례가 있다.

지역의 과제를 해결한다

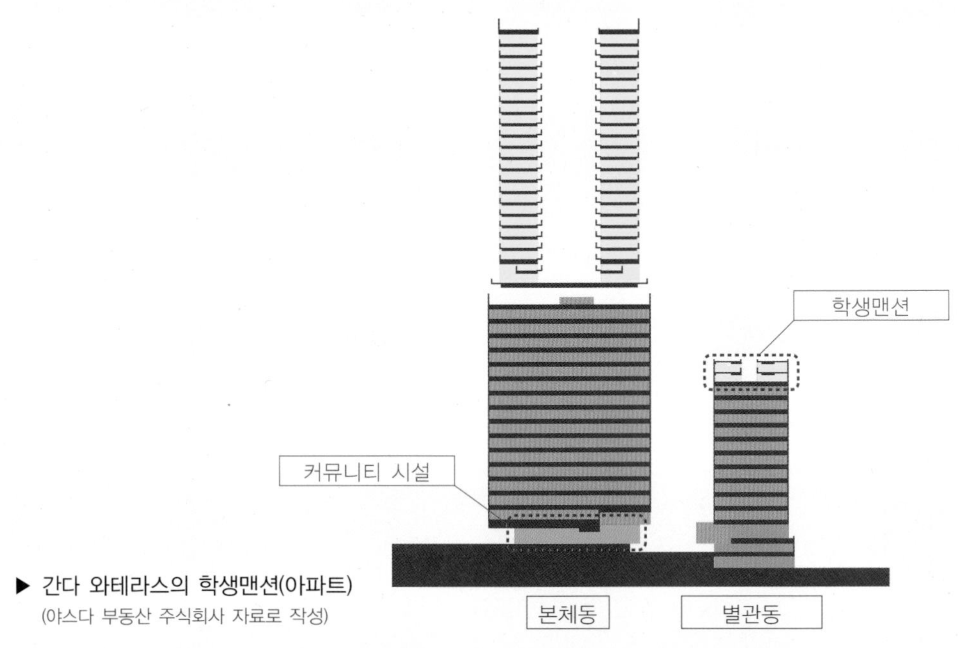

▶ 간다 와테라스의 학생맨션(아파트)
(야스다 부동산 주식회사 자료로 작성)

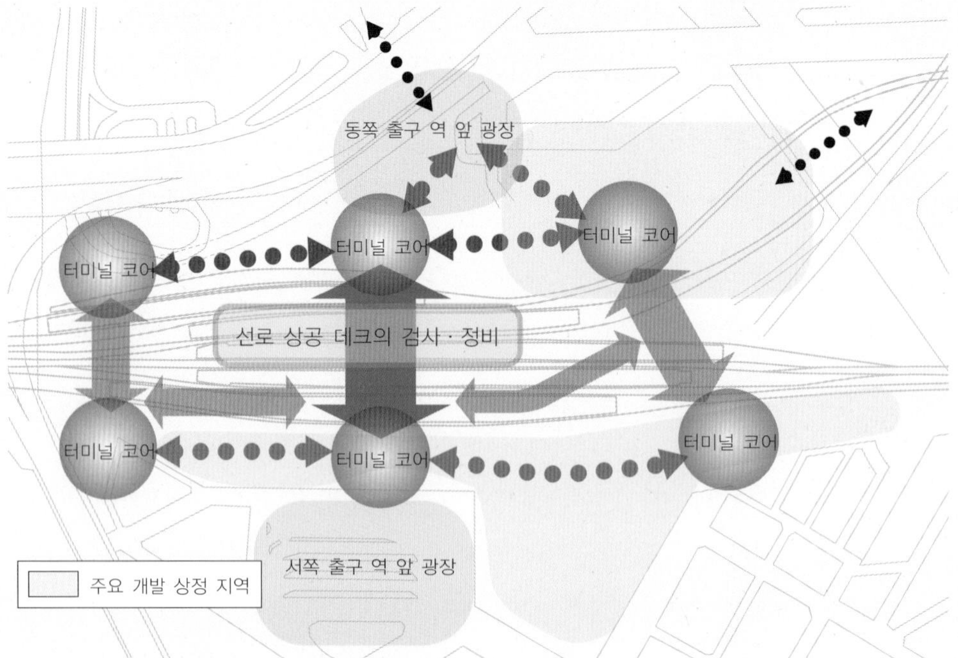

▲ 요코하마역 대개조계획인 철도노선 상공의 데크
(에키사이트 요코하마 22 가이드라인으로 작성)

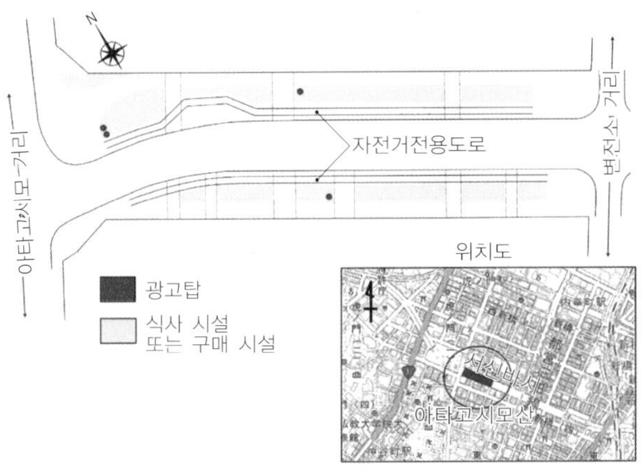

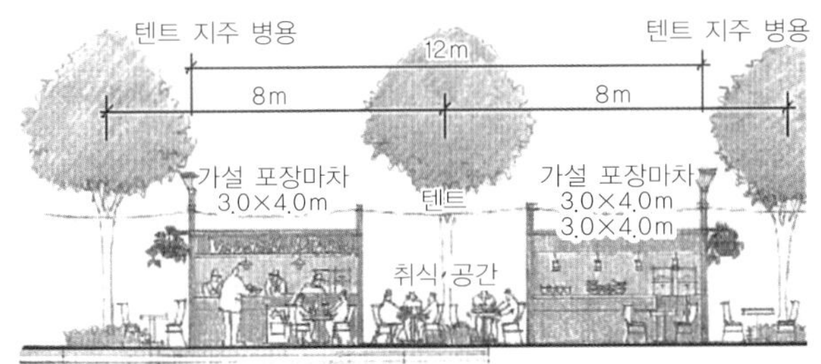

◀ **도라노몽 지구: 신토라 거리의 활용**(모리 빌딩 주식회사 자료로 작성, 원출처: (상) 도쿄 상제리제 프로젝트(도쿄도 건설국), (하) shintora avenue(모리 빌딩 주식회사))

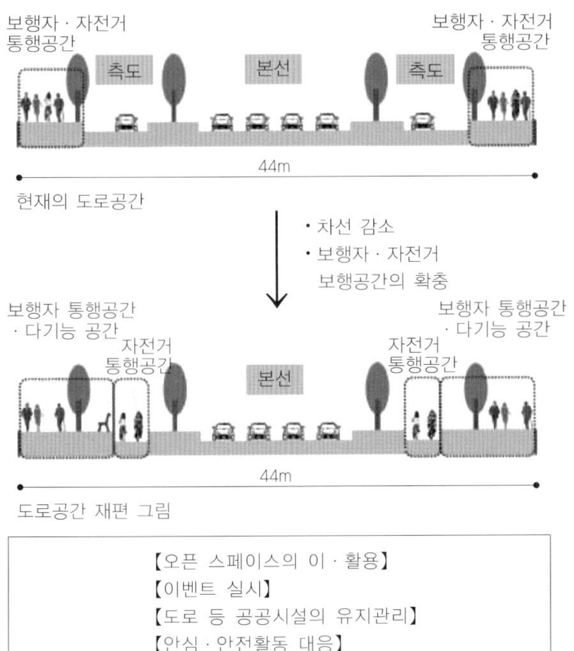

▲ **오사카 미도스지 지구의 광폭원 도로의 활용 등**(오사카시 자료로 작성)

'새로운 공공'을 실현한다

지금까지 지역 매니지먼트의 실제 활동내용을 정리하면, 첫 번째로 공공공간 등의 적극적인 이용을 위한 디자인 가이드라인 등의 책정과 실현, 두 번째는 이러한 공간의 유지보수maintenance 및 관리운영management, 세 번째는 이벤트로 대표되는 지역 프로모션, 사회활동, 싱크탱크 활동 등의 소프트웨어적인 매니지먼트가 있다. 그리고 네 번째는 지역의 안전 · 안심 및 유니버설 디자인 실현 등의 과제를 해결하는 매니지먼트가 있다. 또한 앞으로 지역 매니지먼트 활동으로 방재 · 재해저감 및 지구환경 · 에너지 문제의 대응책도 기대되고 있다.

지금까지 추진한 대부분의 지역 매니지먼트 활동은 위에서 설명한 바와 같이 지역과제 해결 및 지역자원을 활용하는 것이다. 2-2절에서는 보다 상세하게 기본적인 활동을 소개한다. 이러한 활동도 앞으로 중요하지만, 향후 지역 매니지먼트 단체가 추진할 필요가 있는 중요한 주제가 최근의 사회동향에서 나타나고 있다. 이를 간단하게 설명하면 지금까지의 지역 내부를 대상으로 한 '내향적인 지역 매니지먼트 활동'에서 새로운 사회동향에 주목하는 '외향적인 지역 매니지먼트 활동'으로의 전개다.

즉, 앞에서 서술한 사회적 과제인 '환경 · 에너지' 및 '방재 · 재해저감' 대응은 지역 매니지먼트 활동에서 매우 중요하며 앞으로 보다 적극적으로 실천할 필요가 있다. 이는 2-3절에서 공공성이 높은 활동으로 상세히 소개한다. 최근 중요하게 인식되고 있는 사회적 과제인 환경 배려 및 대형 재해 대응은 도시개발방식이나 도시활동과 밀접한 관계가 있다. 지역의 토지소유자를 비롯한 많은 주체가 연계하여 대응하여야 효과를 높힐 수 있는 과제다. 따라서 향후 지역 매니지먼트 활동의 중요한 활동영역으로 추진해야 한다.

또한 앞에서 설명한 바와 같이 '환경 · 에너지' 및 '방재 · 재해저감'을 동시에 고려하여 마이너스(리스크)를 줄여서 플러스(매력)로 만드는 것이 필요하다. '환경 · 에너지' 및 '방재 · 재해저감'을 별개로 생각하지 않고 평상시의 '환경 · 에너지'와 비상시의 '방재 · 재해저감'이 연계되는 활동으로 인식하여야 한다. 방재 · 재해저감 활동으로 롯폰기 힐즈 지구의 전원공급 시스템이 있는데, 동일본대지진 재해 시에 놀랄 만한 성과를 보였다. 또한 다이마루유 지구에서는 대도시 중심부의 열섬현상을 완화하는 '바람길' 만들기가 추진되어 왔다.

다음 세대의 마을만들기를 선도하는 활동

'지역 매니지먼트 활동의 시작'에서는 지금까지의 지역 매니지먼트 활동을 유형화하여 설명하였다. 기존의 마을만들기를 앞서가기 위한 새로운 지역 매니지먼트 활동의 필요성과 가능성이 나타나고 있다. 이를 2-4절에서 지역의 미래를 만들어가는 활동으로 상세히 소개한다.

지역에 뿌리내린 기존 산업에 새로운 산업을 뿌리내리게 하는 등 지역을 보다 돋보이게 하는 활동이 시작되고 있다. IT와 관련한 신산업, 생명 등 새로운 학문분야의 산업, 새로운 라이프 스타일을 창출하는 산업 등 이렇게 다양한 산업들을 지역에 뿌리내리게 하

‘새로운 공공’을 실현한다

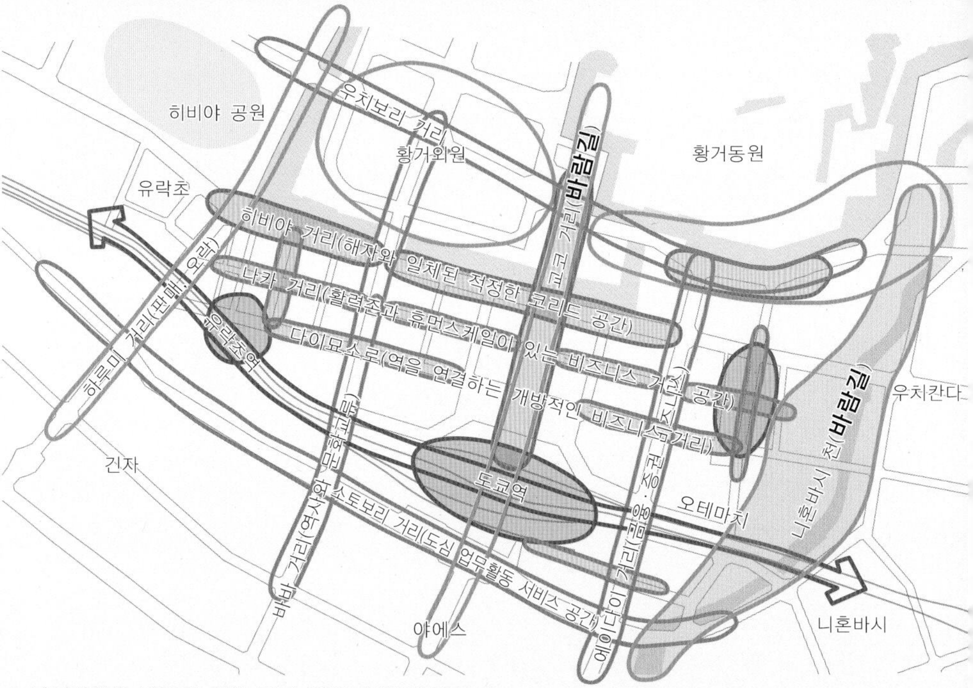

▲ 다이마루유 지구의 환경 관련 활동: 바람길 만들기(다이마루유 마을만들기 가이드라인으로 작성)

다음 시대를 선도한다

KNOWLEDGE INNOVATION

▲ Knowledge Innovation(그랜드 프론트 오사카 자료로 작성)

‘감성’과 ‘기술’의 융합으로 새로운 가치 창조

기업인, 연구자, 크리에이터, 그리고 일반 거주자 등 다양한 사람들이 각자가 가진 ‘개성’과 ‘기술’을 융합시켜 ‘새로운 가치’를 만들어내는 것이 ‘지식 혁신(Knowledge Innovation)’이다. 넓은 시야로 미래를 내다보면서 분야를 뛰어넘는 재능이 협업하여 프로젝트를 만들어내고 일반 거주자의 목소리를 피드백하면서 발전해 나가는 것이다. 이러한 이노베이션으로 우리는 세계를 변화시킨다.

▲ 다이마루유 지구: ECOZZERIA(ECOZZERIA 협회 자료로 작성)

▲ 도라노몽 지구: ignition(발화) · laboratory(실험실) · mirai(미래), 세미나 등의 이벤트도 개최 가능(모리 빌딩 주식회사 자료로 작성)

는 활동이 앞으로 지역 매니지먼트 활동에서 매우 중요하다. 이미 이와 같은 사례들은 지역에서 뿌리내리기 시작하고 있다.

예를 들어 오사카의 우메다梅田 지구에서는 그랜드 프론트 오사카Grand Front Osaka의 중핵시설로 'Knowledge Capital'을 설치하였다. 다양한 사람들이 모여 지식을 모으는 장소로서 오사카에 새로운 지역가치를 만들어내는 등 성공을 거두고 있다.

오사카역 북쪽 화물 이전적지의 1단계로 그랜드 프론트 오사카를 개발하였으며, 앞으로 2단계 개발계획이 결정되었다. 2단계의 개발주제는 '녹지와 이노베이션'이며, 우메키타うめきた 지구에서 보다 많은 혁신 기능이 자리 잡을 것으로 기대된다.

또한 도쿄 다이마루유 지구에서는 'ECOZZERIA'라는 환경, 경제, 사회의 세 개의 축이 맞물려 회전하는 거점시설을 만들었다. 이 시설은 다이마루유 지구의 기업, 근무자가 자택이나 회사에서도 볼 수 없는 제3의 장소로서 세 개의 축을 고려한 활동을 시작하고 있으며, 많은 사람들이 참가하여 활발히 활동하고 있다.

도쿄 도라노몽 지구에서는 앞으로 이 지구에서 가까운 사무실에서 추진할 차세대 비즈니스 모델인 창조 · 사업화의 지원시설 'Ignition Lab MIRAI(이그니션 랩 미래)'가 만들어졌다. 이는 도라노몽 지구에 새로운 지역가치를 창출해내는 활동이다.

앞으로 지역 매니지먼트에 필요한 정책·제도

앞에서 설명한 바와 같이 지금까지 지역 내부를 대상으로 한 '내향의 지역 매니지먼트 활동'에서 새로운 사회활동에 주목하는 '외향의 지역 매니지먼트 활동'으로의 전개를 염두에 둔다면, 지역 매니지먼트 단체가 '새로운 공공'을 담당할 조직으로 활동해야 한다. 특히 업무상업기능이 모여 있는 대규모 터미널 · 역 주변 등에서 활동하고 있는 지역 매니지먼트 단체의 의미는 다음과 같다.

일본 거점 도시의 중심부는 유사시, 즉 대규모 재해가 발생할 경우 시간에 구애받지 않고 제 기능을 발휘할 수 있는 지역이 필요하다. 이렇게 항상 준비되어 있고 평상시에도 지구환경문제를 인식하여 활동하고 있는 지역임을 전 세계에 알리고 홍보할 필요가 있다. 또한, 앞에서 설명한 바와 같이 지역에 뿌리내릴 가능성이 있는 IT 관련 신사업, 생명과학 등의 새로운 학문분야 관련 신산업, 새로운 라이프 스타일 창출 관련 신산업 등 다양하다. 이러한 지역 매니지먼트 활동의 새로운 추진을 고려한다면, 일본의 쇼케이스로서 이러한 지역을 적극적으로 활용하는 지역 매니지먼트 활동도 중요하다. 또한 이러한 유형의 지역 매니지먼트 활동을 유지하기 위해서는 제도적 지원과 규제완화 등의 다양한 정책 및 제도가 필요하다.

1-2

기본적인 생각 및 방법

도라노몽 지구 신토라 거리 여행하는 스탠드(제공: 모리 빌딩 주식회사)

지역 매니지먼트는 민간과의 유대와 연계로부터 시작한다

지금까지 지역 매니지먼트 활동은 지역의 토지소유자, 사업자, 주민 등이 유대감으로 연계되어 비전과 규칙을 만들고, 이를 토대로 지역의 가치를 높이는 활동과 연계하여 추진해 왔다.

또한 대도시 중심부 지역에서는 민간활동으로 추진되어 온 사례가 많고, 지역 매니지먼트 활동의 대상은 민간활동이 중심이 되어 왔다.

그러나 대도시뿐만 아니라 중소도시에서도 지역 매니지먼트 단체가 생겨나고 있으며, 2016년에는 대도시부터 중소도시를 포함한 전국 지역 매니지먼트 단체로 구성된 '전국 지역 매니지먼트 네트워크'가 설립되었다. 이 책에서는 전국 지역 매니지먼트 네트워크를 활용하여 자료를 수집하였기 때문에 지방 중소도시의 활동에도 관심을 두고 있다.

지역의 가치를 높이는 것은 지역 주민에게는 매우 중요하다. 다른 한편으로는 공공, 특히 지자체에게도 중요한 활동이다.

지금까지 지역 매니지먼트는 대도시의 중심부에서 민간영역에서 시작되었기 때문에 공공의 역할을 충분히 인식하지 못했다는 한계가 있다. 지역 매니지먼트 활동이 대도시뿐만 아니라 중소도시를 포함한 다양한 도시의 활동이므로 공공, 특히 지자체의 역할을 고려해야 한다.

민간의 활동은 지역 관계자 간의 연대가 기본이지만, 공공의 역할을 포함한 지역 매니지먼트는 민간과 공공의 연계 및 협력이 중요하다.

연대의 중심은 상호주의와 신뢰다

이 책에서 중점적으로 다루는 민간이 지역가치를 높이는 지역 매니지먼트 활동은 몇 개의 유형으로 나눌 수 있다. 이는 1-1절에서 살펴본 바와 같이 첫 번째는 지역문제를 해결하는 것이다. 두 번째는 지역자원을 활용하는 것이다. 그리고 세 번째는 새로운 사회동향을 지역 차원에서 대응하는 것이다.

지역 매니지먼트 활동의 대부분은 단기간에 눈에 띄는 성과가 올라가는 것은 아니다. 그렇기 때문에 일정기간에 걸친 연대를 기대하기 위해서는 민간연대의 중심에 신뢰와 상호주의가 필요하다. 이러한 연대는 다른 말로 표현하면 '사회관계자본Social Capital'이라 한다. 또한 여기에서 말하는 신뢰는 인적 신뢰에만 그치지 않은, 일정 규칙이 가이드라인 등의 배경으로 연결된 시스템적 신뢰다. 이는 관계자의 일부가 대체되더라도 지역 내 신뢰관계는 계승된다는 의미에서 시스템적 신뢰관계라고 말할 수 있다. 또한 지역에는 민간 개개인 스스로가 지역을 위해 활동하고 있는데, 상호주의는 지역의 많은 사람들이 지역가치를 높인다는 공통된 생각을 가지고 활동하는 관계로서 연대를 토대로 형성되어 온 것이다. 상호주의를 쉽게 표현하면, '나는 지역의 미래를 위해 활동하는데, 지역의 다른 관계자들도 나와 같은 생각으로 활동하고 있다'는 관계를 지역 내에서 만들어내는 것이다.

지역의 가치를 민간의 연대(네트워크)로 높이는 방안

지역의 가치를 공공과 민간의 연계로 높이는 방안인 지역 매니지먼트는 처음에는 지역의 가치를 민간의 연대(네트워크)로 높이는 방안이 기본이었다.

이러한 대표 사례가 연대를 통해 지역 내 다양한 연계성을 확보하는 것이다. 연계성 있는 공간이 만들어지게 되면 지역 전체를 대상으로 매력적인 활동이 이루어진다. 또한 소프트웨어 측면의 이해관계에서 민간은 일정한 수익을 받게 되므로 지역으로서도 매지니먼트 측면에서도 성과를 얻는 구조다.

이러한 방안의 몇 가지 사례를 정리하면, 첫 번째는 지역 내 관계자의 연대를 활용하는 가이드라인과 규정으로 연계성 있는 공간정비를 실현하는 것이다. 말하자면 차원 높은 하드웨어적인 공간정비를 민간과의 연계로 실현한 사례다. 두 번째는 연대를 통해 역 주변 등 자동차 집중이 바람직하지 않은 장소에 대형 주차장을 설치하지 않고 생활하는 등의 방안이다. 말하자면, 소프트웨어적인 대응이며 어떤 의미에서는 신뢰를 바탕으로 상호주의의 세계를 실현하고 있다고 볼 수 있다.

민간의 연대로 하드웨어 측면의 공간정비를 연계시키는 방안

민간의 연대로 지역의 가치를 높이는 방안은 오픈 스페이스나 녹지공간의 연계성 확보로 실현한 사례가 많다. 이러한 전형적인 사례가 오픈 스페이스의 연계성을 확보하고, 이 연계공간이 지역의 매력적인 공간으로 평가받아 지역 매니지먼트 활동을 집중적으로 추진하는 사례다.

다이마루유 지구의 나카 거리仲通り의 공간정비와 이곳에서의 지역 매니지먼트 활동이다. 마루노우치 나카 거리는 다이마루유 지구를 동서로 관통하는 도로이며, 최근에는 오테마치大手町까지 연

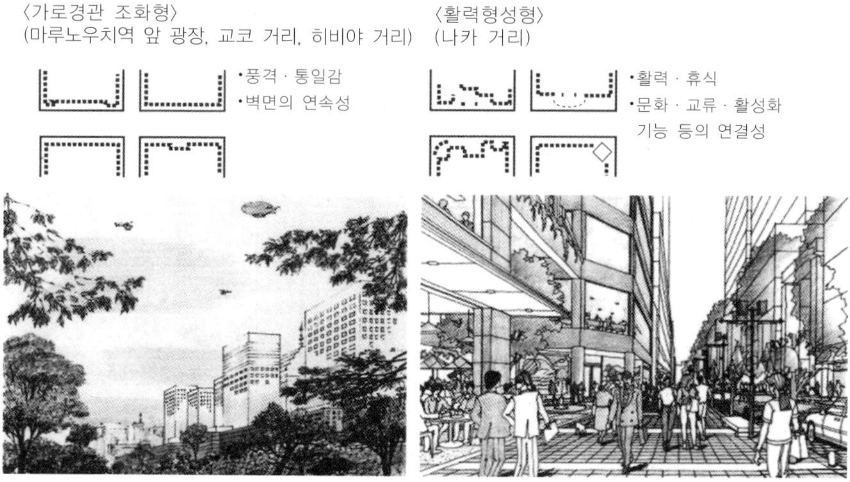

〈가로경관 조화형〉
(마루노우치역 앞 광장, 교코 거리, 히비야 거리)

•풍격 · 통일감
•벽면의 연속성

〈활력형성형〉
(나카 거리)

•활력 · 휴식
•문화 · 교류 · 활성화 기능 등의 연결성

[그림 1] 다이마루유 지구 나카 거리의 공간정비(다이마루유 마을만들기 가이드라인으로 작성)

장되어 지역의 지역 매니지먼트 활동의 중심도로로 활용되고 있다. 도로는 중심 7m의 차도와 양쪽에 1m의 보도가 있다. 보도 : 차도 : 보도의 폭원을 1m : 7m : 1m에서 7m : 7m : 7m(보도 7m는 구도 1m + 각 사유지의 건물 벽면 후퇴 6m)로 정비하고, 자동차 중심 도로에서 사람 중심의 공간으로 변모되었다(그림 1).

그리고 도로 주변 건물이 재개발될 때에는 가이드라인에 의해 히비야 거리日比谷通り 쪽은 벽면을 정렬하여 통일감 있는 가로경관이 되었다. 나카 거리 쪽은 공개공지와 아트리움을 배치하여 시간이 지날수록 공간으로서의 매력이 증가되도록 배려하였다. 이렇게 도로공간을 다양한 이벤트 공간으로 활용하고 있다. 최근에는 도로부분도 사용하는 사회실험이 추진되었는데, 도로와 보행공간 전체를 활용한 오픈 카페 등이 운영되고 있다.

민간의 소프트웨어적인 방안이 상호주의의 세계를 실현한다

주차장 정비는 개발의 부속시설인데, 지역에 따라 개발사업의 규정으로 주차장을 설치하기가 바람직하지 않은 경우가 있다. 이때 지역 내 민간연계를 사회공헌요소로 고려하여 주차장 정비의 소프트웨어적인 추진방식을 공공이 실현한 사례가 있다. 예를 들면, 역 주변 등 자동차 집중이 바람직하지 않은 장소에 대형 주차장을 설치하지 않는 방식이다. 구체적으로는 역 주변에 대규모 개발을 추진하면 개발면적에 따라 주차장의 설치의무가 있다. 또한 역 주변의 입지를 효율적으로 활용하기 위하여 상업시설도 함께 개발하면 역 주변의 개별 상업빌딩 개발에 따른 주차장 설치의무가 부과된다. 그러나 주차장을 전부 규정대로 설치하게 되면 주차장이 과잉 공급되게 되고, 역 주변에 자동차를 집중시키는 바람직

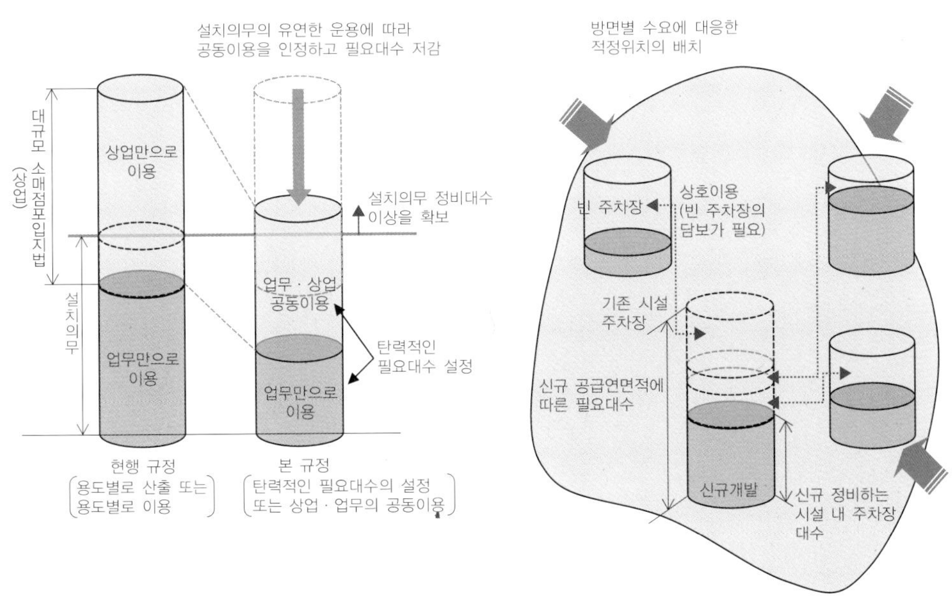

[그림 2] 요코하마시 주차장 조례 구조(요코하마시 자료로 작성)

하지 못한 결과를 초래한다. 이러한 측면에서 지역에서 민간이 연계하여 지역 매니지먼트 활동으로 추진하면 주차장의 공동이용이 가능해지고, 업무와 상업시설은 주차장 이용의 시간차와 요일차가 있으므로 설치해야 할 주차장대수를 줄이기 위해 지자체 또한 조례를 만들고 있다. 요코하마시, 도쿄도 시부야구 등이 주차장 조례로 적용한 사례가 있다(그림 2).

지역의 가치를 공공과 민간 연계로 높인다

공공이 세금을 투자하고, 민간이 지역을 활성화하는 구조

지역 매니지먼트 활동은 '새로운 공공'을 담당하고, 공공이 지금까지 담당해 온 '큰 공공'과는 다른 측면에서 공공성을 발휘하는 활동이다. 하지만 지금까지 도시를 생각하면 지금처럼 개발을 중심으로 한 지역을 재생하는 것만으로는 한계가 있으므로 미리 운영관리를 고려한 지역재생을 추진하는 것이 중요하다.

따라서 공공이 주도해 온 개발 중심에 대응하는 역할뿐만 아니라 지역단위에서 민간과 연대한 지역재생을 추진하는 것이 공공의 중요한 역할로 확대될 것이다.

개발 중심의 시대에서 공공은 도시 전체를 고려한 도시기반정비라는 '큰 공공'의 역할이 중심이었다. 하지만 운영관리도 중요한 시대에는 지역범위를 좁혀 공공투자를 하고, 이 공공투자가 실현되어 활용되도록 민간의 지역 매니지먼트 활동으로 '작은 공공'을 실현하는 것이 중요하다. 즉, 지역 중심으로 민간의 적극적인

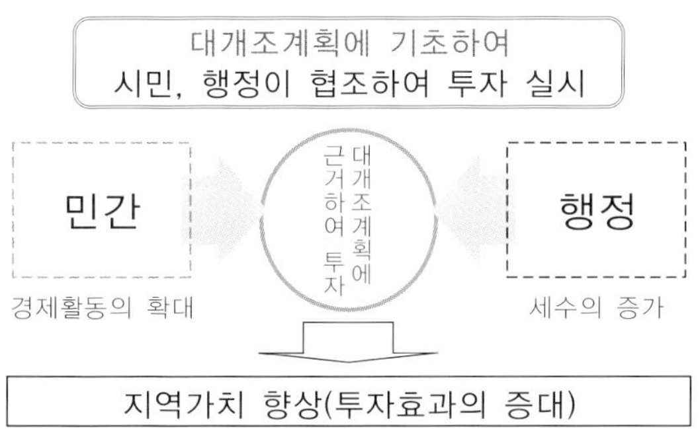

[그림 3] 요코하마역 대개조계획에서의 지역 매니지먼트 활동과 지역가치의 상승
(에키사이트 요코하마 22 가이드라인으로 작성)

지역 매니지먼트 활동으로 지역가치를 높이기 위한 공공투자의 시대로 이행되지 않으면 안 된다. 이는 결과적으로 공공투자가 지역가치 상승에 기여하고 공공의 세수에 좋은 영향을 미친다는 판단에서다.

이를 구체적으로 제시한 것이 [그림 3]의 요코하마 대개조개혁의 기본적인 생각이다. 여기서 요코하마역 중심부의 지역가치를 높임으로써 민간의 사업투자도 활성화되고, 세수 증가 또한 발생한다. 즉, 공공은 충분히 회수 가능한 지역에 세금을 '투자'한다는 기본적인 생각이 제시되어 있다. 이와 같이 공공과 민간의 관계를 지역재생 차원에서 활용할 수 있는 방안이 앞으로의 지역 매니지먼트 활동에 필요하다.

일본은 해외의 BID와 TIF의 연계관계에 대한 인식이 부족하다

BID 제도는 3장에서 상세하게 소개하고 있지만, BID는 미국에서 전통적으로 존재하는 특별행정구역의 일종이다. 주법州法에 의해 권한을 부여받은 기초지자체가 도시에 따라 차이는 있지만, 토지소유자나 사업자 등으로 구성된 민간조직의 신청으로 BID 지역으로 지정하고, 지역의 관계자에게 고정자산세에서 상승한 세금을 기초지자체가 징수하여 지역조직에 활동자금으로 제공하는 구조다. 부과 · 징수된 금액은 기초지자체에서 승인된 지역조직의 활동계획에서 산출된 금액이다. 지역조직은 기초지자체로부터 받은 자금과 자체 자금으로 활동한다. 자체 자금은 지구 내 민간기업 등의 홍보비용, 오픈 카페 등의 사업 수익금, 민간 기부금 등 다양하다.

지금까지 해외의 지역 매니지먼트 활동으로 BID가 중점적으로 소개되어 왔는데, BID만으로 지역재생을 추진하는 곳은 뉴욕시 등 일부이며, 대부분 소프트웨어적인 BID 활동과 하드웨어적인 공간 정비가 연계된 도시가 많다. 이러한 하나의 사례로 BID와 TIF가 다양한 형태로 연계하여 도시재생, 가로경관 재생을 추진하고 있는 경우도 있다.

TIF(Tax Increment Financing)는 TIF법에 근거하여 장래의 조세 증가를 담보로 채권을 발행해 자금을 조달하여 지역의 인프라 정비 등을 실시하는 방식이다. TIF의 대상지역의 요건은 쇠퇴가 진행되고 있고 현상태로는 신규투자가 이루어질 가능성은 없지만, 어떤 인센티브가 부여된다면 재생 · 발전의 가능성이 있느냐다. 보도정비 등을 수반한 개발과 이 개발을 활용한 BID 활용으로 일반적인 재산세가 증가되며, 이러한 재산세 증가분의 전체를 시에 징수할 권한이 부여된다. 그리고 TIF에 의해 징수된 세금의 사용용도는 해당 지구와 관계가 있는 기반정비 등 지역재생에 한정된다. 해당 지구에 징수증가분이 할당되는 기간은 20~30년으로 정해져 있는데, 재산세는 비교적 안정적인 세수이기 때문에 장래의 수입(재산세)

[그림 4] 시카고시 스테이트 스트리트(statestreet)의 TIF와 BID(시카고시 자료로 작성)

[그림 5] 스테이트 스트리트 BID(SSA) 조직(시카고시 자료)

을 상환재원으로 활용하여 시 등이 채권을 발행해 조달한 자금을 우선적으로 기반정비자금으로 사용하는 것이 가능하다. 따라서 TIF는 특정 지역의 기반정비자금 일부를 그 사업효과로 장래 발생될 세수 증가로 보완하는 기능을 가진다.

시카고시는 BID와 TIF가 연계된 도심재생에서 시카고시의 중심가로인 루프Loop 지구의 스테이트 스트리트를 중심으로 행정이

TIF(Central Loop TIF)를 설정하고 가로정비 등을 실시하였다. 이때 이 지역의 BID(Chicago Loop Alliance)와 행정이 사전에 협의하여, BID가 TIF에 의해 정비된 가로 등을 이용하여 지역활성화를 위한 청소, 경비, 미화, 공공시설의 개혁, 건축디자인, 예술 프로그램 등의 이벤트, 점포 다양화 등의 대책을 적극적으로 추진하고 있다.

일본의 공공과 민간이 연계한 기반정비와 지역 매니지먼트 활동

이와 같이 BID와 TIF의 연계는 BID의 활동과 TIF에 의한 기반정비 등 공공과 민간의 연계 관계이며, 인구감소로 중심시가지 재생이 필요한 일본 마을만들기의 대안으로도 검토할 가치가 있다.

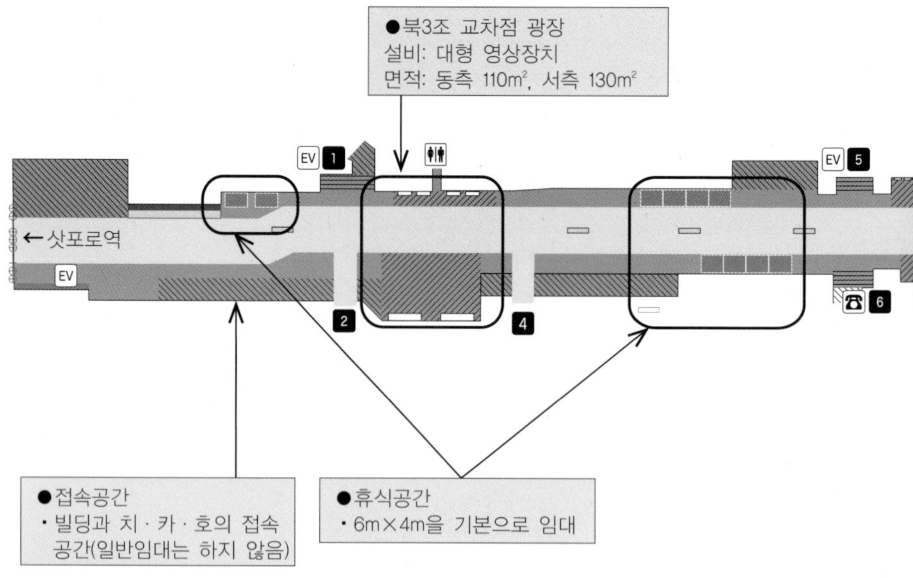

[그림 6] 삿포로역 앞 도로 지하 보행공간의 평면구성(삿포로역 앞 도로 마을만들기 주식회사 자료)

최근 일본에서도 비슷한 사례가 검토되고 있다. 대표적인 사례가 오사카시의 수변공간 정비와 미즈베링* 활동, 미도스지 도로재편 정비와 이 정비공간의 활용 가능성이 높은 미도스지 도로 주변의 많은 지역 매니지먼트 단체의 활동이다.

한편으로 아직 예외적인 사례이지만, 일본에서 공공과 민간의 연계로 지역가치를 높이는 방안이 실현되고 있다. 이 예로는 삿포로역 앞 도로 지하 보행공간(치 · 카 · 호)의 정비와 삿포로역 앞 도로 마을만들기 주식회사의 지역 매니지먼트 활동이다(그림 6).

삿포로역 앞 도로 지하 보행공간의 정비는 삿포로시가 추진하였고, 새롭게 정비된 지하도공간은 삿포로역 앞 도로 마을만들기

* 미즈베링MIZBERING은 새로운 수변의 활용 가능성을 타개하기 위해 공공과 민간 일체의 협동 프로젝트다.

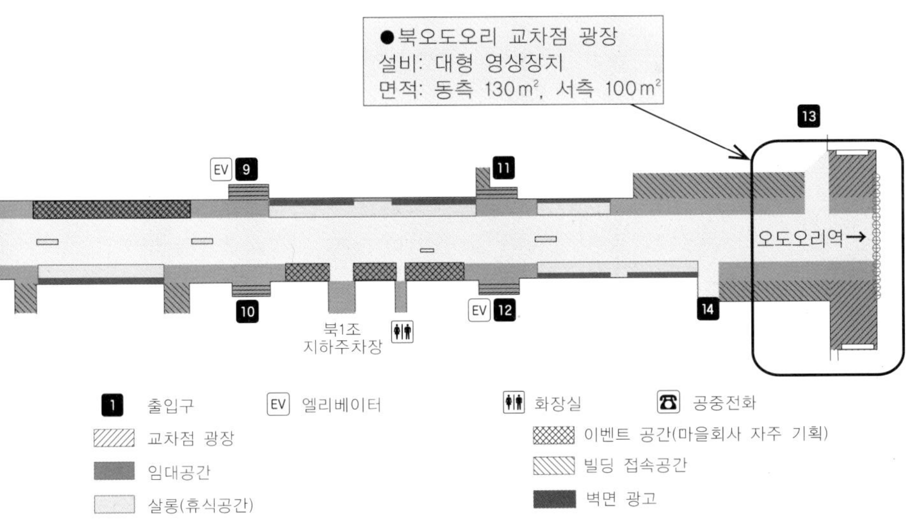

●광장활용: 이벤트, 전시, 판매로 시민 · 기업 · 행정이 활용
●사용료: 휴식공간 200엔/m²(300엔/m²)
교차점 광장 300엔/m²(400엔/m²) ( )는 공휴일

주식회사인 지역 매니지먼트 단체가 활용하고 있다. 구체적으로 삿포로시는 민간 활동을 실현할 재원 확보를 위하여 지하도를 단순한 도로공간으로만 보지 않고, 지역 매니지먼트 활동공간으로서도 활용할 수 있도록 정비하였다. 이를 통해 중심부 지하도와 양측 광장 두 개로 구성하여 광장구간을 활용한 지역 매니지먼트 단체의 활동재원을 확보할 수 있도록 지원하고 있다.

기타산 광장(북3조 교차점 광장)에서 개최된 재활용 아트전

접속광장은 많은 사람에게 이용되고 있다.

[그림 7] 삿포로역 앞 도로 지하광장의 활용 사례

제 2 장

어떠한 지역 매니지먼트 활동이 이루어지고 있는가?

지역 매니지먼트 활동의 시작은 제1장에서 설명하였다. 이러한 활동을 추진하기 위해서는 지역 내 다양한 주체들 간에 밀접한 관계를 구축하고, 지역의 과제와 가치관 등을 공유할 필요가 있다. 즉, 지역 매니지먼트의 담당주체는 지역 관계자들과 커뮤니케이션(대화)을 계속 시도하고, 가치관의 공유를 촉진하는 시도부터 필요하다.

전국 각지에서 지역 매니지먼트 활동이 추진되고 있는데, 그 활동의 출발점은 '지역의 목표 만들기'다. 지역의 토지소유자, 사업자, 주민 등이 네트워크(연계)로 연결되고, 지역이 안고 있는 문제를 인식하며, 앞으로 지역이 어떻게 변화해 나가야 할 것인지 지역의 미래상 공유에서부터 지역 매니지먼트 활동이 시작되고 있다. 지역 매니지먼트 단체가 지역 관계자들과 공동으로 지역의 가이드라인 및 규정을 만들어 지역의 목표가 정해지면, 이를 근거로 다양한 활동주체가 함께 손을 잡아 지역재생을 추진할 수 있다.

2-1절에서는 지역 매니지먼트 활동의 출발점인 '지역의 목표 만들기'를 소개한다. '신토라 거리(도쿄도 미나토구)'에서 실시하고 있는 지역 비전 작성 과정을 소개하고, 이러한 지역의 미래상이 어떻게 공유되었는가를 소개한다. 또한 '나고야역 지구 마을만들기 가이드라인' 및 '텐진天神 마을만들기 가이드라인', '하카타博多 마을만들기 가이드라인'도 소개한다.

제2장 2-2절에서 2-4절까지는 다양한 지역에서 추진되는 지역 매

신토라 거리(제공: 모리 빌딩 주식회사)

니지먼트 활동을 소개한다. 이런 활동은 몇 가지 관점에서 유형화할 수 있다. 예를 들면, '지역의 과제를 해결하는 활동', '지역의 자원을 활용하는 활동', '지역의 미래를 만들어 가는 활동' 등 활동 프로세스로 유형을 구분할 수 있다. 또한 '상호주의를 가진 활동', '공공성을 가진 활동' 등 활동성격으로 유형화할 수도 있다. 이와 관련하여 이 장에서는 과거, 현재, 미래라는 시간축을 토대로 '지금까지 추진된 기본적인 활동', '새로운 공공성을 실현하기 위한 활동', '앞으로 기대되는 활동' 등 세 개로 유형화하고, 각 활동의 배경 및 사례를 소개한다.

2-2절의 '지금까지 추진된 기본적인 활동'은 제1장에서 설명한 '내향적인 지역 매니지먼트'에 해당되며, 지역의 활력 만들기가 중심인 청소, 범죄, 교통대책이다. 이러한 활동들은 지역 매니지먼트의 기본이며, 수년에 걸쳐 많은 실적들이 축적되어 있다.

2-3절의 '새로운 공공을 실현하기 위한 활동'은 '방재 · 재해저감', '환경 · 에너지' 등의 활동이 있으며, 새로운 사회동향 변화에 주목하는 '외향적인 지역 매니지먼트'에 해당한다.

2-4절의 '앞으로 기대되는 활동'은 지역의 미래를 만들어 가는 활동이다. 지역에 뿌리를 둔 기존 산업과 더불어 신사업을 지역에 정착하게 하는 활동으로 앞으로 기대되는 지역 매니지먼트 활동을 시작하고 있다.

2-1

지역 매니지먼트 활동의 출발점인 '지역의 목표 만들기'

삿포로 8월제(제공: 삿포로역 앞 도로 마을만들기 주식회사)

지역의 목표 만들기는 몇 단계가 존재한다. 첫 단계에서는 지역의 토지소유자, 사업자, 주민 등이 협동하여 지역 현상을 분석하고, 어떠한 문제를 내포하고 있는지를 인식하는 것이다. 다음 단계는 지역의 미래상을 함께 검토하고, 지역재생의 기본적인 추진 방법을 알기 쉽게 제시한다. 그리고 지역의 미래상을 실현하기 위한 지역재생 전략과 시책을 세우고, 지역의 구체적인 대응방식(이것이 지역 매니지먼트 활동에 해당한다)을 계획하는 단계다. 지역 매니지먼트 활동이 진행되기 시작하면 활동의 평가가 중요하며, 정량적 또는 정성적 관점에서 활동이 지속 가능한지 검토하는 단계도 필요하다.

이 절에서는 지역의 목표 만들기 관점에서 지역의 비전 작성을 위한 프로세스 및 마을만들기 가이드라인의 사례를 소개한다.

지역 비전 작성을 위한 워크숍: 신토라 거리

도쿄도 미나토구에 있는 신토라 거리(전국 지역 매니지먼트 6 게재)는 2020년 개최의 도쿄 올림픽 · 패럴림픽의 선수촌(추오구 하루미)과 신국립경기장(신주쿠구 가스미가오카초)을 연결하는 중요한 도로에 위치해 있다. 아타고시모 거리愛宕下通り에서 아카렌가 거리까지의 약 450m는 도로폭원 40m 중 3분의 2가 보도(편측 13m)이며, 이와 같이 넓은 보도공간을 활용하여 지역 매니지먼트 활동이 추진되고 있다. 현재 공사 중인 히비야선日比谷線의 새로운 역을 중심으로 앞으로 더욱 매력적인 지역으로의 진화가 기대된다.

지역 매니지먼트 단체의 설립

2014년 3월, 대상구역 내의 토지소유자, 건물소유자 등이 가입한 '신토라 거리 지역 매니지먼트 협의회(이하, 신토라 협의회라 함)'가 발족했다. 신토라 협의회에서는 앞으로 어떻게 활동을 추진해 나갈 것인지, 어떤 추진체계를 만들어 활동하면 좋을지의 검토가 이루어졌다. 2015년 10월에는 '일반사단법인 신토라 거리 지역 매니지먼트'가 발족하였고, 신토라 지역 매니지먼트가 실행조직이 되어 다양한 계약행위가 가능해졌다. 현재는 신토라 지역 매니지먼트와 신토라 협의회 등 두 개 단체가 연계하여 지역 매니지먼트 활동을 진행하고 있다.

지향하고자 하는 지역의 방향성과 비전 작성

신토라 지역 매니지먼트를 설립한 후 최초로 실행된 것이 지역 주민들과 함께 '지역의 미래상'을 그리는 것이었다. 지역 매니지먼트란 무엇인가, 지역자원이란 무엇인가에 대해 논의하고, 지향해야 할 지역의 방향성을 지역 비전이라는 형태로 결정하는 실험이다. 지역 비전은 대략 10~20년 후를 내다보고, 지역이 지향할 방향성 · 미래상을 제시하는 것이다. 지역 비전을 작성하고 이를 실현하는 방침인 가이드라인과 구체적 활동계획을 제시하는 액션플랜으로 연계되어 있다.

지역 비전 작성을 위한 워크숍

신토라 협의회와 신토라 지역 매니지먼트는 지역 비전 작성을 위하여 워크숍을 3회에 걸쳐 개최하였다. 제1회 워크숍(2016년 1월)에서는 '신토라 거리 지역의 미래를 생각한다'라는 주제로 47명이 참가했다. 신토라 지역 매니지먼트 사무국이 토지소유자, 건물소유자 등 많은 참가자를 모아 다양한 의견을 교환하였다. 지역자원의 발견, 현재 내포한 문제, 지역 매력, 지역 미래상, 집객력을 높이는 아이디어 등을 논의하였다. 각 팀은 포스트잇에 의견을 적어 모조지에 붙인 후 의견을 정리하여 발표하였다.

제2회 워크숍(2016년 2월)은 '신토라 거리 지역의 미래 아이디어 교환회'라는 주제로 36명이 참가하였다. 제1회와 동일하게 구성된 '모인다', '교류한다', '발신한다', '지탱한다'라는 네 개의 키워드로 지역 매니지먼트 아이디어에 대한 활발한 논의가 이루어졌다.

제3회 워크숍(2016년 3월)은 제1회, 제2회 워크숍에서 얻은 의견을 토대로 '신토라 지역 비전 작성 워크숍 마무리'가 실시되었다.

지역과 함께 만들어낸 신토라 거리 지역 비전

3회에 걸친 워크숍을 통해 신토라 거리의 지역 비전이 작성되었다. '미래를 창조하는 새로운 가치' 및 '지역에서 숨쉬는 전통'이라는 키워드를 중심으로 많은 사람에게 새로운 아이디어를 모았다. 이를 토대로 다양한 문화 · 경제활동이 창조되는 지역으로서 '국제 신도심'의 형성이 미래상으로 제시되었다. 또한 지역 매니지먼트의 기본적인 생각은 '① 사람, 물건, 일이 모이는 지역', '② 교류를 통한 새로운 가치가 생겨나는 지역', '③ 국내외에 문화 · 정보를 발신하는 지역', '④ 지속가능한 시스템을 갖춘 지역'이라는 네 개의 관점에서 지역 비전을 제시하였다.

신토라 거리의 비전 만들기

1

2

1 신토라 거리와 도라노몽 힐즈
(제공: 모리 빌딩 주식회사)

2 지역 비전 작성을 위한 워크숍
(제공: 신토라 거리 지역 매니지먼트 협의회)

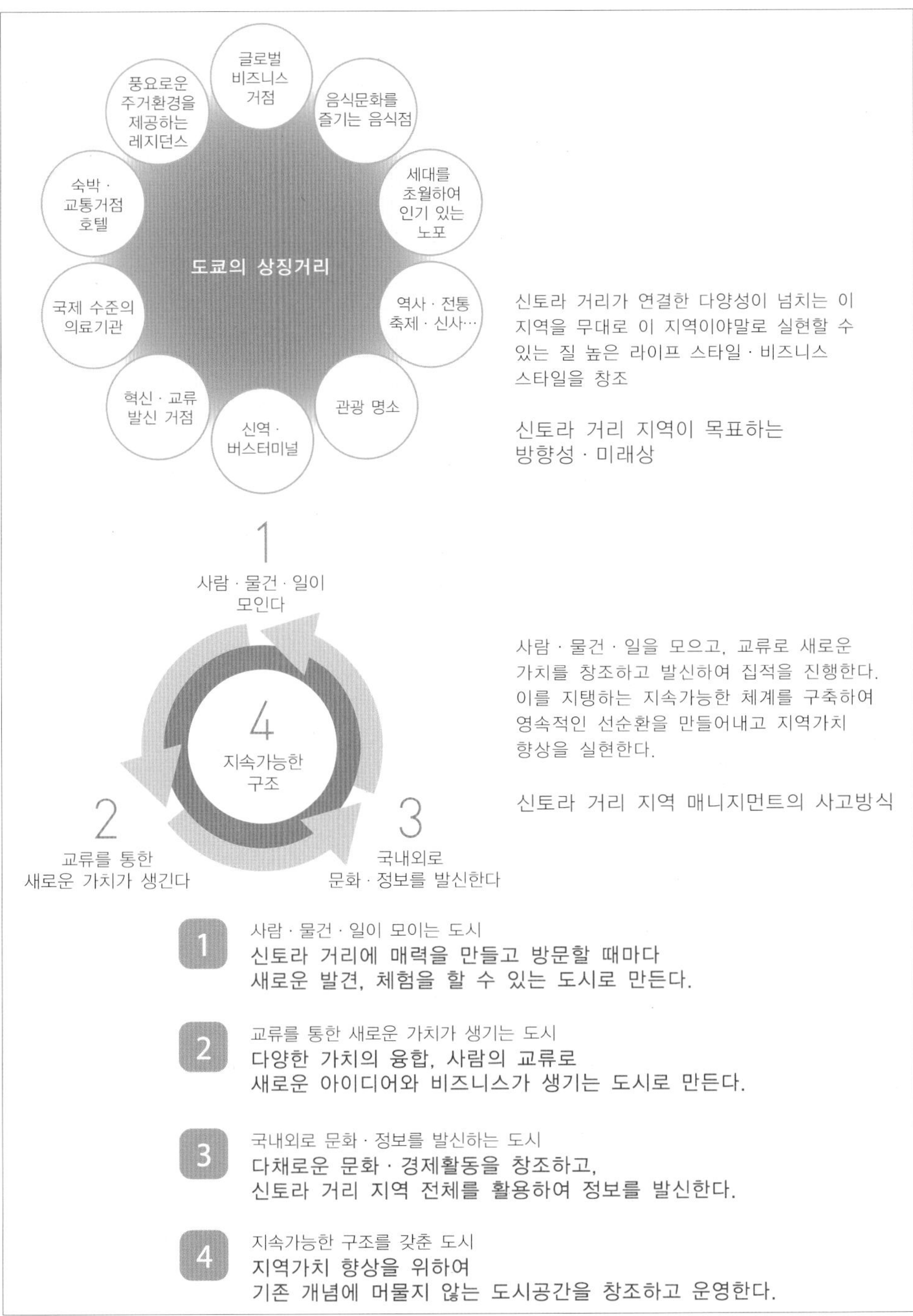

글로벌
비즈니스
거점
음식문화를
즐기는 음식점
세대를
초월하여
인기 있는
노포
역사 · 전통
축제 · 신사…
관광 명소
신역 ·
버스터미널
혁신 · 교류
발신 거점
국제 수준의
의료기관
숙박 ·
교통거점
호텔
풍요로운
주거환경을
제공하는
레지던스
도쿄의 상징거리
신토라 거리가 연결한 다양성이 넘치는 이 지역을 무대로 이 지역이야말로 실현할 수 있는 질 높은 라이프 스타일 · 비즈니스 스타일을 창조
신토라 거리 지역이 목표하는
방향성 · 미래상
1
사람 · 물건 · 일이
모인다
4
지속가능한
구조
2
교류를 통한
새로운 가치가 생긴다
3
국내외로
문화 · 정보를 발신한다
사람 · 물건 · 일을 모으고, 교류로 새로운 가치를 창조하고 발신하여 집적을 진행한다. 이를 지탱하는 지속가능한 체계를 구축하여 영속적인 선순환을 만들어내고 지역가치 향상을 실현한다.
신토라 거리 지역 매니지먼트의 사고방식
1
사람 · 물건 · 일이 모이는 도시
신토라 거리에 매력을 만들고 방문할 때마다
새로운 발견, 체험을 할 수 있는 도시로 만든다.
2
교류를 통한 새로운 가치가 생기는 도시
다양한 가치의 융합, 사람의 교류로
새로운 아이디어와 비즈니스가 생기는 도시로 만든다.
3
국내외로 문화 · 정보를 발신하는 도시
다채로운 문화 · 경제활동을 창조하고,
신토라 거리 지역 전체를 활용하여 정보를 발신한다.
4
지속가능한 구조를 갖춘 도시
지역가치 향상을 위하여
기존 개념에 머물지 않는 도시공간을 창조하고 운영한다.

3 신토라 거리 지역 비전(모리 빌딩 주식회사 자료로 작성)

지역 비전 작성 목적과 효과

신토라 지역 매니지먼트가 지역 비전을 작성하는 데는 두 가지의 목적이 있다. 첫 번째는 '지역이 지향하는 비전(공통인식)을 작성하고 공유하는 것'이며, 두 번째는 '앞으로 지역 매니지먼트 활동의 근간을 만드는 것'이다. 지역의 자원과 과제를 지역과 함께 확실히 논의하여 많은 사람들과 공통된 인식을 가지도록 한다. 그리고 앞으로 지역 매니지먼트 활동을 지원할 기준을 만들고, 실제 실행할 활동의 평가를 명확히 할 수 있다. 신토라 거리의 지역 비전에 근거하여 최초로 실시된 대책이 '물 뿌리기 이벤트'다. 현재 실시되고 있는 정기적인 청소활동 및 다양한 활력 만들기 활동도 이 지역 비전에 의해 추진되고 있다.

마을만들기 가이드라인의 사례

다음으로 지역의 목표(비전), 전략, 시책, 활동평가지표 등이 제시된 세 개의 특징 있는 마을만들기 가이드라인을 소개한다.

지역의 미래상(나고야역 지구 마을만들기 가이드라인 2014)

나고야역 지구 마을만들기 협의회(아이치현 나고야시)는 2011년에 '나고야역 지구 마을만들기 가이드라인'을 책정하고, '2025년의 바람직한 지역의 미래상'을 제시하였다. 가이드라인은 2014년에 개정되어 네 개의 전략(공간 형성 전략, 안전성 향상 전략, 환경부하 저감 전략, 커뮤니티 형성 전략)을 새롭게 제시하였다. 나고야역

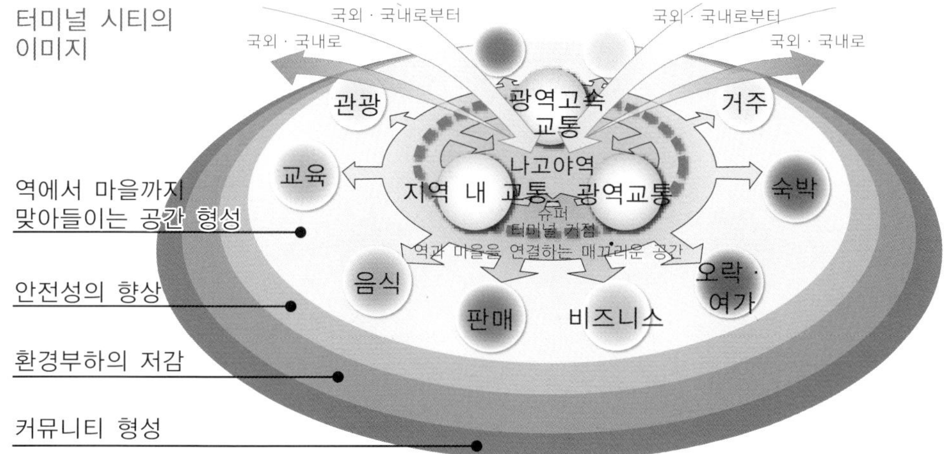

[그림 1] 나고야역 지구 마을만들기 가이드라인 2014(출전: 나고야역 지구 마을만들기 가이드라인 2014로 작성)

지역의 현안인 재해대응 항목이 특징이며, 도카이東海 호우와 난카이南海 해구의 거대 지진 피해를 상정하여 안전 · 안심을 중시하고 있다. 가이드라인으로 수해나 지진에 대비하는 검토가 적극적으로 진행되고 있다.

마을만들기 검증(덴진 마을만들기 가이드라인)

We Love 덴진 협의회(후쿠오카현 후쿠오카시)는 '덴진 마을만들기 헌장'을 기초로 '덴진 마을만들기 가이드라인(2008)'을 책정했다. 이 가이드라인의 특징은 '마을만들기의 검증' 항목을 제시하고 있으며, PDCA 사이클에 의해 세 개의 프로세스로 활동을 검증하고 있다는 점이다. 예를 들어 '걷기 즐거운 마을'의 목표는 보행자 수의 증가 등 정량적인 지표와 번영(활력) 등 정성적인 지표를 조합하여 그 목표가 달성되고 있는지 종합적으로 평가하고 있다. 검증결과는 사업계획, 3년마다 액션플랜, 5-10년 후에는 가이드라인 수정에 반영시키도록 설계하고 있다.

‘하카타 마을만들기 가이드라인’과 ‘액션플랜’

하카타博多 마을만들기 추진협의회(후쿠오카현 후쿠오카시)는 ‘하카타 마을만들기 가이드라인’을 책정하고 있다. 이 가이드라인의 특징은 지역의 골격을 형성하는 주축으로 ‘도로는 마을의 이미지를 각인시키는 역할을 하고 있으며, 지역의 주역이다’라고 명확히 표현하고 있는 점이다. 하카타역 주변에 있는 일곱 개의 도로(거리)를 대상으로 주요 축의 형성 방침 및 방책을 제시하고, 이 이미

시작하며

- 지역 매니지먼트에 대하여
- 덴진 마을만들기 가이드라인의 역할은?
- 모두가 활용하는 ‘덴진 마을만들기 가이드라인’

1. 덴진의 발전과 마을만들기

- 덴진의 시가지 형성기
- 덴진의 성장기
- 규슈 · 아시아 중심으로 발전기

2. 현상과 과제

- 매력(규슈 최대 상업 · 업무지구, 도시적 세련미 등)
- 과제(정신적 매너 저하, 범죄 등 환경 악화, 부족한 방재대책 등)
- 사회정세의 변화(인구구조의 변화, 도시구조의 변화 등)

3. 장래 목표상

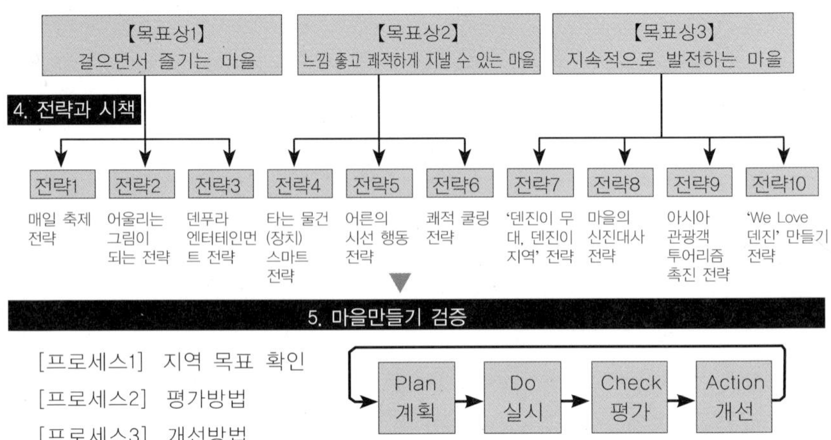

[그림 2] 덴진 마을만들기 가이드라인의 구성(출처: 덴진 마을만들기 가이드라인의 구성을 토대로 편집)

지를 알기 쉽게 시각화하고 있다. 또한, '하카타 마을만들기 가이드라인'상의 비전에 따라 구체적인 대응방안을 추진하기 위하여 3개년 계획으로 '액션플랜'을 제시하고 있다. 지역의 미래상인 가이드라인과 그 실현 로드맵을 3개년 계획에 구체화함으로써 비전의 실현을 위해 착실히 걸음을 내딛도록 연계되어 있다.

2-2

지금까지 추진된 기본적인 활동

STREET & PARK MARKET(제공: 일반사단법인 TCCM(도요타 시티 센터 매니지먼트))

지금까지 추진된 기본적인 지역 매니지먼트 활동과 관련된 전국의 사례를 크게 세 가지로 분류하여 소개한다. 첫 번째는 '활력 만들기, 청소 · 방범 · 교통대책'이다. 이러한 활동은 지역 매니지먼트의 기초가 되며, 많은 지역에서 이미 다양한 실적을 거두고 있다. 두 번째는 '정보발신, 커뮤니티 만들기'다. 정보발신은 많은 지역 매니지먼트 단체가 주력하고 있는 활동이며, 커뮤니티 만들기는 지역을 네트워크(연계)로 연결하고 깊이 있는 연계가 중요한 대책이다. 세 번째는 활동재원을 확보하기 위한 대책이며, '오픈 카페, 지역 매니지먼트 광고'의 활동을 소개한다.

활력 만들기, 청소·방범·교통대책

활력 만들기

지역의 활력 만들기는 일본의 지역 매니지먼트 활동의 중추적인 활동이다. 많은 지역 매니지먼트 단체가 사람을 모으기 위하여 적극적인 이벤트를 개최하고 있으며, 이 중 하나가 계절에 맞는 이벤트 개최다. 일본의 사계절을 잘 활용한 이벤트를 기획하여 지역의 이미지를 방문객에게 각인시킬 수 있으며, 상업지역에서는 경제효과도 발생한다. 또한 지역의 특정 공간을 활용한 마르셰* 마켓 등도 개최하고 있다. 마르셰 마켓은 옥내외 공간을 활용하여 주말이나 아침 시간대에 많이 개최되며, 시민참가의 활력 만들기 이벤

* 마르셰marché는 '장터, 시장'이라는 뜻의 프랑스어이며, 장소 앞에 전치사(at)가 붙어 어디에서든 열릴 수 있는 시장을 의미한다.

트로 추진되고 있다.

일반사단법인 다케시바 지역 매니지먼트(도쿄도 미나토구)는 평소 사용되지 않고 있는 다케시바 여객선터미널의 부두공간을 활용하여 '여름 페스티벌'이라는 이벤트를 개최하고 있다. '여름 페스티벌'은 2015년부터 시작한 지역 커뮤니티 이벤트며, 공공공간인 다케시바 부두를 활용한 사회실험이다. 이벤트는 여름철에 3일간(2015년만 2일간) 실시되고 있으며, 해마다 참가자가 증가하고 있다. 지역 주민들이 그 지역 직장인들과 교류하기 위한 이벤트로 지역에 정착되고 있으며, 앞으로의 활동이 기대되고 있다.

또한 삿포로역 앞 도로 마을만들기 주식회사(홋카이도 삿포로시)는 삿포로시 북3조條 광장을 활용한 '삿포로 플라워 카펫'이라는 이벤트를 개최하고 있다. 방문객 및 지역 주민들이 꽃송이를 뿌리며 작품 제작에 참가하는 축제다. 또한 '삿포로 8월제'는 여름 풍물시詩로 지역에 뿌리내려 많은 사람들이 방문하고 있다.

일반사단법인 히메지 지역 매니지먼트(도쿄도 치요다구)는 야외의 와테라스WATERRAS를 활용하여 '와테라스 마르셰'를 개최하고 있다. 지방 특산품의 전시뿐만 아니라 다양한 이벤트, 워크숍이 동시에 개최되며, 적극적인 지역 간 교류가 이루어지고 있다.

또한, 일반사단법인 TCCM(아이치현 도요타시)은 사쿠라조시 공원桜城址公園에서 'STREET & PARK MARKET'을 개최하고 있다. 공원 주변의 오래된 민가를 재생한 보육세대의 커뮤니티 시설인 'MAMATOCO'가 있으며, 더욱더 지역의 활력 만들기를 도모하고 있다.

1

2

3

4

1 여름 페스티벌(제공: 일반사단법인 다케시바 지역 매니지먼트)
2 삿포로 8월제(좌), 삿포로 플라워 카펫(우)(제공: 삿포로역 앞 도로 마을만들기 주식회사)
3 STREET & PARK MARKET(제공: 일반사단법인 TCCM)
4 와테라스 마르셰(제공: 일반사단법인 히메지 지역 매니지먼트)

청소 · 방범 · 교통대책

지역환경을 보다 좋은 상태로 유지하기 위해 지역과 연계한 청소활동, 방범활동, 교통대책 등이 실시되고 있다. 개별 기업이나 단체가 추진하는 것이 아니라 지역 관계자들의 공동 활동으로 기업 간의 연계 및 지역과의 교류를 촉진하는 효과가 있다. 또한 방치 자전거 대책 · 주차매너 활동, 공유 자전거 및 셔틀버스 등 지역의 편리성을 높이는 대책도 실시되고 있다.

아키하바라秋葉原 타운 매니지먼트 주식회사(도쿄도 치요다구)는 지역의 안전 · 안심을 높이는 활동을 적극적으로 추진하고 있다. 청소활동으로 'AkibaSmile! 프로젝트'를 매주 실시하고 있으며, 방범활동은 아키하바라 지역연계협의회(아키바21)가 중심이 되어 보행자 천국을 관리운영하고 있다. 방범카메라의 설치관리 이외에 경찰과 연계한 정기적인 순회방범에 노력하고 있다. 또한 교통대책으로 주차장 위치, 이용시간, 주차정보 등의 정보를 발신하는 주차장 안내 시스템도 관리운영하고 있다. 아키하바라 지역에서 부족한 오토바이 주차장 정비 및 공유 자전거 주차장도 제공하는 등 지역의 교통환경도 개선하고 있다.

나고야역 지구 마을만들기 협의회(아이치현 나고야시)는 2011년부터 나고야시와 협력하여 식재대에 꽃을 심고, 관리하는 등 아름다운 도시를 만들기 위해 다양한 활동을 추진하고 있다. 협의회의 회원기업을 대상으로 기업 협찬금을 모금하여 꽃심기 및 물주기 등의 활동을 지원하며, 매월 청소활동과 함께 화단의 제초작업에도 회원기업들이 참여하고 있다. 또한 2017년부터는 '국가전략특구 도로점용사업'으로 실시되고 있는 지역 매니지먼트 광고수익의 일부를 청소비품 구입 및 화단 관리 등의 비용으로 충당하고 있다.

롯폰기 지역(도쿄도 미나토구)에서는 '롯폰기 지구 안전 · 안심 마을만들기 추진회 분과회(민간위원회)[1]'를 설립하고, 미나토구와 협력하여 지역의 안전을 강화하기 위한 활동을 추진하고 있다. 고객유입 대책으로는 민간경비 '미나토구 생활안전방범대'를 도입하여 도로 안내를 포함한 경비업무를 담당하고 있다. 또한 조폭범죄의 인지건수가 높은 지역을 대상으로 가로등의 밝기를 개선하고, 방범카메라 시스템을 정비하여 롯폰기 지역의 범죄를 예방하고 있다.

하카타 마을만들기 추진협의회(후쿠오카현 후쿠오카시)는 하카타역 주변의 방치 자전거 문제를 개선하기 위해 '자전거 주차장 맵'을 작성하고, 지속해서 방치 자전거에 태그를 부착하고 있다. 또한 자전거의 안전한 이용을 위하여 후쿠오카현, 후쿠오카시, 경찰 등 다양한 전문가를 강사로 초청하여 '자전거 안전이용 강습회' 등을 개최하고 있다. 이외에도 하카타역 앞 도로의 식재관리사업은 모든 사람에게 다정한 도로를 만들기 위해 보도에 휴식공간을 제공하는 '벤치 프로젝트 사업' 등도 실시하고 있다.

오사카의 우메키타 선행개발지구에서는 일반사단법인 그랜드 프론트 오사카 TMO가 '자전거 대여', '지역순환버스', 'park and ride'를 운영하고 있다. 간단한 절차로 빌릴 수 있는 자전거로 오

1 롯폰기 지구 안전 · 안심 마을만들기 추진회의 분과회(민간위원회)의 구성 멤버는 롯폰기 상점가 진흥조합, 롯폰기 마을회, 아자부 지구의 생활안전과 환경을 지키는 협의회, 롯본기를 깨끗하게 하는 모임, 롯폰기 안전 · 안심 순찰대, 롯폰기 방범카메라 운영협의회, Executive Protection, 도쿄 미드타운, 모리 빌딩이다.

[그림 3] 마루노우치 셔틀(제공: NPO 법인 다이마루유 지역 매니지먼트 협회)

사카 시내에서 운행할 수 있다. 지역순환버스는 방문객이나 지역 주민이 쾌적하게 우메다 지역을 순회하며 관광, 쇼핑, 비즈니스 등의 이용을 촉진하고 있다. 버스 래핑wrapping을 이용한 광고를 판매하고, 수익의 일부는 지역 매니지먼트 활동의 재원으로 충당되고 있다.

NPO 법인 다이마루유 지역 매니지먼트 협회(도쿄도 치요다구)는 오오테마치, 마루노우치, 유라쿠초 지구를 연결하는 무료 순환버스(마루노우치 셔틀)를 운행하고 있다. 신마루 빌딩 앞에서 히비야 등을 약 35～40분간 순환하는 구간이며, 평일 오전 8시부터 10시까지 출근시간대는 비즈니스 코스로 오오테마치 노선을 10～12분 간격으로 두 대가 운행되고 있다. 관광, 쇼핑, 비즈니스의 발로 이용되고 있다.

정보발신, 커뮤니티 만들기

지금까지 추진해 온 기본적인 지역 매니지먼트의 두번째 활동은 '정보발신, 커뮤니티 만들기'다. 정보발신은 많은 지역 매니지먼트 단체가 주력하고 있는 활동이다. 지역의 매력을 재발굴하고, 지역의 가치 · 지명도를 높이기 위해서는 지역 내부 및 외부로 정보발신이 중요하다. 한편 커뮤니티 만들기는 사회관계자본 구축에 필요한 네트워크 형성과 이를 연결하는 활동이다. 지역 매니지먼트의 핵심은 지역단위에서 '사람들 간의 협조를 촉진하는 것'이라고 말할 수 있다. 이로 인해 지역의 질과 성격이 크게 변하기 때문에 지역의 토지소유자, 사업자, 주민, 개발사업자 등이 네트

청소

1 환대 화단(제공: 나고야역 지구 마을만들기 협의회)

2 식재관리사업(제공: 하카타 마을만들기 추진협의회)

3 AkibaSmile! 프로젝트(제공: 아키하바라 타운 매니지먼트 주식회사)

4 방범 패트롤(제공: 아키하바라 타운 매니지먼트 주식회사)

방범

5

6

7

5 주차장 안내 시스템(제공: 아키하바라 타운 매니지먼트 주식회사)

6 UMEGLE CHARI(자전거 대여)(좌), UMEGLE BUS(지역순환버스)(우)(제공: 그랜드 프론트 오사카 TMO)

7 자전거 주차장 맵(좌), 태그 부착(우)(제공: 하카타 마을만들기 추진협의회)

워크를 강화하고, 상호 관계함으로써 지역의 가치를 높이는 것이 중요하다.

정보발신

지역 매니지먼트 단체가 운영하는 웹사이트에서는 지역의 개요와 이벤트 정보가 적극적으로 홍보되고 있다. 사진과 영상을 활용하여 정보제공의 즉시성을 높이고, 페이스북이나 트위터 등 SNS를 연계하여 정보 확산을 도모하고 있다. 또한 지역의 역사정보나 임차정보 등을 웹사이트에 게재하는 사례도 있다. 지역정보지 등에는 인터뷰 기사와 지역자원 등이 게재되어 있으며, 지역의 매력을 발신하는 역할을 하고 있다. 최근에는 정보통신기술을 활용한 전자간판이나 보도안내판 등이 활용되고 있다. 방문객뿐만 아니라 지역의 직장인과 주민들에게도 효과적으로 어필하기 위하여 다양한 매체가 활용되고 있다.

하카타 마을만들기 추진협의회(후쿠오카현 후쿠오카시)는 '하카타 마을도보 맵'을 매년 발행하고 있다. 이 지도는 협의회 회원들이 모여 실제 하카타를 돌아다니면서 지역의 매력과 변화를 기록하여 완성하고 있다. 지도에는 오래된 빌딩의 해체 및 새롭게 정비된 공원 등 다채로운 정보가 게재되어 있다. '마을도보 맵'은 관광안내소나 숙박시설에도 이용되고 있다.

일반사단법인 아와지淡路 지역 매니지먼트(도쿄도 치요다구)는 〈FREE AWAJI BOOK 8890〉이라는 지역정보지를 발행하고 있다. 아와지 지역의 다양한 자원인 특징 있는 건물의 소개나 숨겨진 식당 등의 기사가 풍부하게 게재되어 있다.

우메키타 선행개발지구(오사카부 오사카시)에서는 그랜드 프론트 오사카 내에 쌍방향형 전자간판 '컴퍼스 터치compass touch'를 설치하고 있다. '컴퍼스 터치'는 화면을 터치하여 조작하며, 현재 위치에서 각 시설까지의 경로를 표시하고, 원활하게 방문할 수 있도록 안내하는 장치다.

NPO 법인 다이마루유 지역 매니지먼트 협회(도쿄도 치요다구)는 수수께끼 게임을 마을 걷기에 활용하고 있다. 참가자는 수수께끼의 단서가 되는 키트를 구입하고, 인터넷에 접속된 스마트폰을 이용하여 게임을 하는 방식이다. 게임 플레이의 목표시간은 3시간이지만, 휴식 등을 입력하면서 지역을 하루 종일 만끽할 수 있다. 기업의 사내친목을 겸한 팀 대항전으로도 이용되면서 확산되고 있다.

커뮤니티 만들기

커뮤니티 만들기를 위해 지역 직장인을 대상으로 시민대학이나 동아리 활동을 지원하고 있다. 배움과 체험을 통해 새로운 커뮤니티를 형성하고, 지역에 대한 애착을 높이는 활동이다. 지역 매니지먼트 활동을 담당하는 인재의 발굴 · 육성이라는 점에서도 커뮤니티 만들기는 매우 중요하다.

다이마루유 지역(도쿄도 치요다구)에서는 직장인을 대상으로 '마루노우치 아침대학'을 열고 있다. 다이마루유 지역 전체를 캠퍼스로 하여 아침 7시대부터 개강하는 시민대학이다. 마루노우치 아침대학은 지속가능한 마을만들기, 에너지절약, 저탄소화에 기여하는 아침형 라이프 스타일로의 전환을 제안하고, 환경배려형 생활

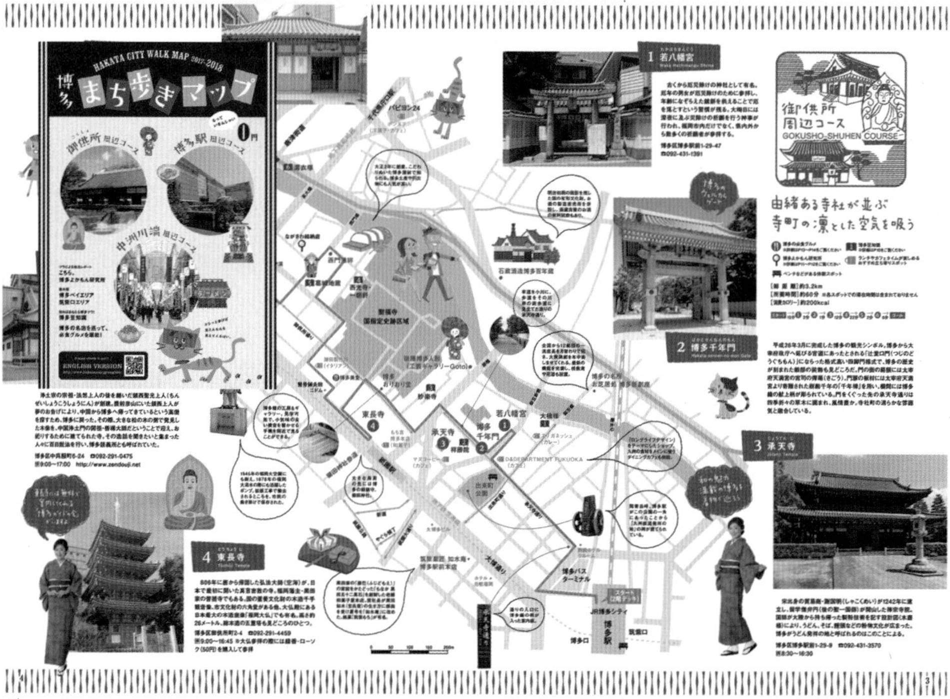

1

1 하카타 마을도보 맵(제공: 하카타 마을만들기 협의회)
2 지역정보지 〈FREE AWAJI BOOK 8890〉(제공: 일반사단법인 히메지 지역 매니지먼트)

2

마을 안내활동

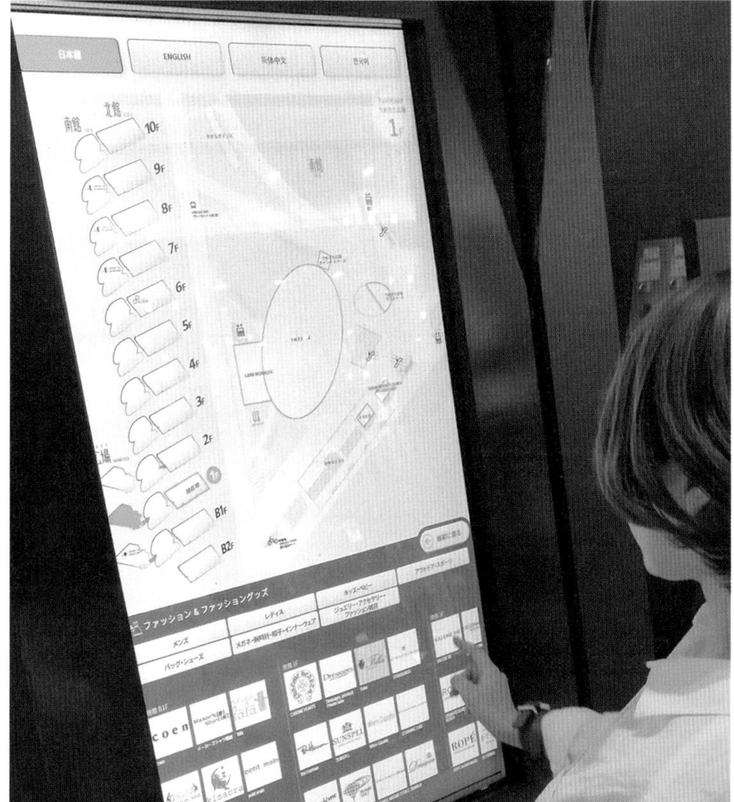

3

4

3 쌍방향형 전자간판 '컴퍼스 터치'(제공: 그랜드 프론트 오사카 TMO, 우메다 지구 지역 매니지먼트)

4 리얼 수수께끼 게임 in 마루노우치: 도쿄 타임 게이트(제공: NPO 법인 다이마루유 지역 매니지먼트 협의회)

의 정착을 지원하고 있다. 3개월을 1학기로 하여 봄, 여름, 가을의 3학기로 운영되며, 강좌는 연간 약 2000명이 수강하고 있다. 최근에는 '마을만들기', '지방창생' 등 커뮤니티의 힘으로 지역문제를 해결하는 강좌도 인기가 높다. 2009~2016년까지 5년간 1만 3000명 이상의 수강생이 참가하고 있다.

하카타 마을만들기 추진협의회(후쿠오카현 후쿠오카시)는 일하는 사람 · 거주하는 사람을 대상으로 '하카타 대학'과 '하카타 마을만들기 미트 업meet up'을 개최하고 있다. '하카타 대학'은 배움을 통하여 새로운 커뮤니티 형성과 새로운 비즈니스 창출을 목표로 한다. 비즈니스, 문화, 음식, 라이프 스타일 등 다양한 주제로 누구라도 참가할 수 있는 강좌를 준비하고 있다. '하카타 마을만들기 미트 업'은 하카타 지역의 다양한 사업주체를 게스트로 초대하여 '하카타 지역'의 생각을 이야기하는 토크 이벤트다. 게스트의 이야기만 듣는 것이 아니라 참가자와의 토론의 장을 만들어 의미 있는 교류의 장이 되고 있다.

우메키타 선행개발지구(오사카부 오사카시)의 그랜드 프론트 오사카에서는 동아리 활동을 지원하는 '소시오 제도'라는 활동을 하고 있다. '소시오 제도'는 사람들이 자율적이고 지속적인 활동을 지원하며, 새로운 참가형 마을만들기라고 말할 수 있다. 그랜드 프론트 오사카 TMO는 지역에 활력과 번영을 가져오는 동아리 활동을 '소시오'라 부르며, 동아리의 공지와 커뮤니티 만들기, 활동공간뿐만 아니라 건강관리, 예술, 문화 등 다양한 분야의 활동도 지원하고 있다.

삿포로역 앞 지역(홋카이도 삿포로시)에서는 지역 매니지먼트 활동을 활발하게 추진하는 과정에서 기획자, 실무자 등 지역일꾼의 부족이 과제였다. 삿포로역 앞 도로 마을만들기 주식회사는 지역 매니지먼트 활동을 담당할 인재의 발굴 · 육성을 목표로 아트 매니지먼트와 마을만들기를 배우는 학교인 'Think School'을 열고 있다. 강의와 워크숍, 토론을 통하여 기획 등의 기초를 배우는 1년 과정의 학교이며, 졸업 후에는 실제 기획업무를 담당하는 싱크팀에 들어갈 수 있다. 나아가 유망한 인재는 지역 매니지먼트 단체(삿포로역 앞 도로 마을만들기 주식회사)의 기획회의에 참가하기도 하고, 다른 기업과 직장 등에 취업도 소개하는 등 실제 지역 매니지먼트 활동과 연결되도록 프로그램이 설계되어 있다.

오픈 카페, 지역 매니지먼트 광고

지금까지 실시된 기본적인 지역 매니지먼트의 세 번째 활동은 재원을 확보하기 위한 방안이다. 여기서는 '오픈 카페, 지역 매니지먼트 광고'의 사례를 소개한다.

오픈 카페

일상적으로 사용되지 않는 장소에 오픈 카페 등을 설치하고, 지역의 활력과 사람들의 교류 창출을 도모하고 있다.

아소베루 도요타 추진협의회(아이치현 도요타시)는 '아소베루 도요타 프로젝트'의 일환으로 오픈 카페를 운영하고 있다. 도요타시역 주변 광장을 사람들의 활동과 휴식의 공간으로 개발하고, 지역의 매력을 전달하며, 애착을 가질 수 있는 장소로 사용하기 위한

커뮤니티 활동

1

2

3

1 마루노우치 아침대학(제공: NPO 법인 다이마루유 지역 매니지먼트 협의회)

2 동아리 활동의 지원제도 '소시오'(제공: 그랜드 프론트 오사카 TMO)

3 하카타 대학(좌), 하카타 마을만들기 미트 업(우)(제공: 하카타 마을만들기 추진협의회)

오픈 카페 활동

아소베루 도요타 프로젝트의 오픈 카페(제공: 아소베루 도요타 추진협의회(도요타시))

지역 매니지먼트 광고 활동

공사용 임시 울타리 광고(제공: 나고야역 지구 마을만들기 협의회)

[그림 4] We Love 덴진 협의회의 오픈 카페
(제공: 삿포로역 앞 도로 마을만들기 주식회사)

활동이다. 아소베루 도요타 추진협의회는 도요타시의 아이치 환상철도와 나고야 철도의 두 개 역을 연결하는 보행자전용도로의 보행데크 일부를 보도에서 광장으로 바꾸고, 이를 시민들이 이용할 수 있는 공간으로 정비하였다. 광장에 설치된 오픈 카페는 낮에는 카페, 밤에는 맥주 등을 제공하며, 매출액의 5%를 협의회에 부담하는 구조다. 광장은 오픈 카페 운영자가 사용하는 장소와 시민이 이벤트를 개최할 수 있는 장소 두 곳으로 나누어져 있다. 이 광장공간을 유료로 이용하여 이벤트를 개최하는 사업의 경우에는 회비를 거두며, 여름에는 민속춤 행사를 개최하는 등 많은 점포에 높은 이익을 주었다. 지역의 매력을 높이기 위하여 일회성 이벤트가 아닌 상시적으로 사용할 수 있는 방안도 모색하고 있다.

We Love 덴진 협의회는 지역의 활력과 휴식공간을 창출하기 위해 나카가와那珂川의 하천부지인 수상공원에 오픈 카페를 운영하고 있다. 이 오픈 카페는 수변 활성화를 위한 사회실험을 이어받은 것이며, 2012년 4월부터 We Love 덴진 협의회가 나카가와의 오픈 카페 사업을 실시하고 있으며, 마을만들기 활동의 지원금으로 매출

액의 3%를 세입자가 지역 매니지먼트 단체에 부담하고 있다.

지역 매니지먼트 광고

지역 매니지먼트 광고는 도로와 사유지의 옥외광고물 게시권을 기업에 판매하고, 이 수입금을 지역 매니지먼트 활동 재원의 일부로 충당하는 구조다. 디자인이 뛰어난 깃발과 배너 등을 게시하여 지역의 경관이 보존되고, 활력을 창출하는 역할을 한다. 이러한 광고사업을 담당하는 지역 매니지먼트 단체는 광고수입을 지역 매니

[그림 5] 삿포로역 앞 도로 지하 보행공간의 벽면광고(제공: 삿포로역 앞 도로 마을만들기 주식회사)

지먼트 활동비용으로 충당하는 선순환구조를 구축하고 있다.

삿포로역 앞 도로 마을만들기 주식회사(홋카이도 삿포로시)는 삿포로역 앞 도로 지하 보행공간의 벽면을 이용하여 지역 매니지먼트 광고를 하고 있다. 이 지하 보행공간은 보행자 통행량이 많아 광고 가치가 높아서 벽면광고는 높은 가동률을 보이고 있다. 지역 매니지먼트 광고사업을 담당하는 삿포로역 앞 도로 마을만들

[그림 6] 가로등 깃발(제공: 나고야역 지구 마을만들기 협의회)

기 주식회사는 광고사업으로 연간 1억 2000만 엔(2015년도)의 수입을 얻었으며, 이 수입은 지역 매니지먼트 활동비용으로 충당되고 있다.

나고야역 지구 마을만들기 협의회(아이치현 나고야시)는 공사용 임시 울타리 광고와 가로등 배너 광고를 하고 있다. 공사용 임시 울타리 광고는 나고야역 재개발사업의 임시 울타리를 이용한 광고게재이며, 매우 큰 광고면을 활용할 수 있기 때문에 보도, 차도에서도 시인성이 높은 광고매체로 활용되고 있다. 또한 가로등 배너 광고는 나고야역 앞 도로, 사쿠라 거리의 두 블록의 가로등에 설치되었으며, 지역과의 일체감이 연출될 수 있는 광고매체로도 활용되고 있다.

2-3

'새로운 공공'을 실현하기 위한 활동

마을교육(제공: 모리 빌딩 주식회사)

1995년에 발생한 한신 · 아와지阪神 · 淡路 대지진, 2011년에 발생한 동일본대지진 이후, 대규모 재해의 대응방안이 강하게 요구되고 있으며, 재해 시 에너지 대책의 중요성이 높게 인식되었다. 또한 지구환경문제를 배경으로 환경부하 저감을 목표로 한 환경공생의 도시만들기가 각 지역에서 추진되고 있다.

이러한 대규모 재난재해의 대응 및 환경배려 등의 사회적 과제는 공공성이 매우 높은 활동이라 할 수 있다. 도시에서 사람들의 활동과 밀접한 관계가 있으며, 지역의 토지소유자를 비롯한 많은 주체가 연계하여 대응하면 효과가 높아진다. 이를 위해서는 지역매니지먼트 활동의 중요한 활동영역으로 적극 추진해 나갈 필요가 있다. 본 절에서는 최근 주목받고 있는 '새로운 공공'을 실현하는 활동으로서 평상시부터 유사시까지 다양한 활동 사례를 소개한다.

방재·재해저감

재난재해에 강한 안전 · 안심의 마을만들기에서 지역 전체의 관점에서 추진해야 할 방재 · 재해저감의 대응책을 '지역방재'라 한다. 지역방재는 대규모 재해발생 시에 인적 피해 등의 억제, 입지기업의 영업지속성 향상이라는 측면에서도 중요하며[2], 하드웨어 · 소프트웨어 양면에서 다양한 대응방안을 추진하고 있다.

2 인구집적지역에서의 바람직한 지역방재의 방향.
http://www.kantei.go.jp/jp/singi/tiiki/toshisaisei/yuushikisya/anzenkakuho/231222/1.pdf

도망가는 도시에서 돌아오는 도시로: 롯폰기 지역(도쿄도 미나토구)

모리 빌딩은 '도망가는 도시에서 돌아오는 도시로'라는 콘셉트를 내걸고 있다. 대규모 재개발사업의 특성을 활용하고, 재해에 강한 안전 · 안심 도시를 목표로 개발지역뿐만 아니라 주변 지역에도 공헌할 수 있는 방재거점을 구축하고 있다.

롯폰기 힐즈에서는 독자적인 에너지 플랜트(특정 송배전사업시설)로 지역 내 전력을 공급하고 있다. 이것은 신뢰성이 매우 높은 3중의 안전성(1. 도시가스에 의한 발전, 2. 전략회사에서의 공급, 3. 등유에 의한 발전)을 가진 전원공급이다. 동일본대지진 이후 전력수급 비상시에 롯폰기 힐즈의 발전전력의 여력분과 절전분을 도쿄전력에 제공한 실적이 있다.

또한 롯폰기 힐즈에 재해대책본부를 설치하고 재해 시에 사람들의 생활, 영업 지속을 지원하며, 동시에 미나토구와 귀가 곤란자

고도이용으로 여러 곳에 오픈 스페이스를 만들자
제진장치 등에 의해 내진성이 높은 초고층
광폭도로, 교통 인프라와 함께 정비
지진에도 강한 지하공간을 적극적으로 활용

[그림 7] 도망가는 도시에서 돌아오는 도시로(제공: 모리 빌딩 주식회사)

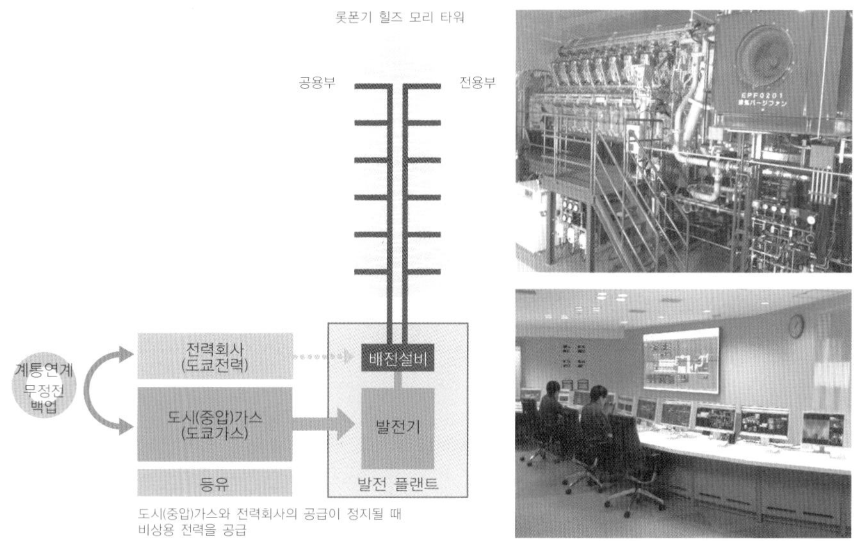

[그림 8] 롯폰기 힐즈의 전력공급(제공: 모리 빌딩 주식회사 자료로 작성)

[그림 9] 지역의 지진재난훈련(우), 비축창고(좌)(제공: 모리 빌딩 주식회사)

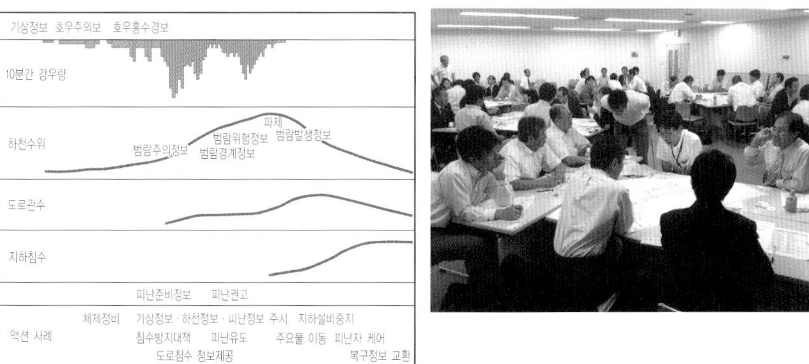

[그림 10] 수해 시간도표(좌), 도면상의 훈련 모습(우)(제공: 나고야역 지구 마을만들기 협의회)

수용에 관한 협정서를 체결하여 수용장소와 수용대응인원을 확보하면서 비축품 제공이 가능한 비축창고 등도 정비하였다.

더욱이 롯폰기 힐즈 주변의 근린자치회, 상가회, 학교, 지역 소방단체 등이 모여 미나토구와 소방서, 경찰서와 연계한 '지역 재난훈련'을 실시하고 있다. 지역 전체를 대상으로 지진재난훈련을 실시하여 지역 주민, 사무실 종사자, 점포 종업원의 커뮤니티 결속을 강화하는 기회가 되며, 주변 지역 관계자들과의 연계 강화에도 도움을 주고 있다. 이러한 하드웨어 · 소프트웨어 양면의 다양한 대책을 지속적으로 추진하고 있다.

예상되는 재난피해를 공유하고 대비한다: 나고야역 지구 마을만들기 협의회(아이치현 나고야시)

나고야역 지구 마을만들기 협의회는 2011년 4월 가이드라인에 안전성 향상전략을 책정하였고, 회원들의 방재 · 재해저감 이해능력 향상을 목적으로 관계 행정기관과 협력하여 세미나, 패널 토론 등을 개최하고 있다. 2012년 5월에는 안전 · 안심 마을만들기 워킹그룹을 설치하고 추진체계를 정비함과 동시에, 7월에 나고야시와 '나고야역 지구의 방재 · 재해저감 마을만들기를 위한 협력 · 연계에 관한 협정'을 체결하여 본격적인 활동을 시작하였다.

지진대책은 나고야시가 주최하는 '업무지역과 관련한 방재의 바람직한 방향 검토회(2012년도)', '안전확보계획 책정을 위한 검토회(2012, 2013년도)' 등 안전확보계획 책정에도 관여하고 있다. 또한 2017년도에는 독자적으로 작성한 지진 타임라인을 통하여 다양한 과제와 대응방안을 정리하여 행정에 제언하였다.

수해대책은 2012년부터 관계 행정기관의 참여를 이끌어내어 재해저감연계회의를 주최하였고, 2013년에는 수해 시간도표를 작성하였다. 2014년에는 수해 시간도표라는 단어가 일반화되었다. 국토교통성이 쇼나이가와庄内川 유역을 수해 타임라인의 선도사업으로 지정하면서 중부지방정비국이 쇼나이가와 타임라인 검토회를 설치하기 위하여 재해저감연계회의를 해산하였다. 또한 2015년에는 도로관수를 이메일로 회원에게 알리는 '침수감지 시스템'을 시험적으로 설치하였으며, 이를 개선하여 2016년부터 운영하고 있다.

재해에 강한 도시를 목표로: 미나토미라이21 지역(가나가와현 요코하마시)

요코하마의 미나토미라이21 지역은 매립 시 지진재해와 지반침하 등을 고려하여 재해에 강한 도시를 목표로 기반정비가 이루어

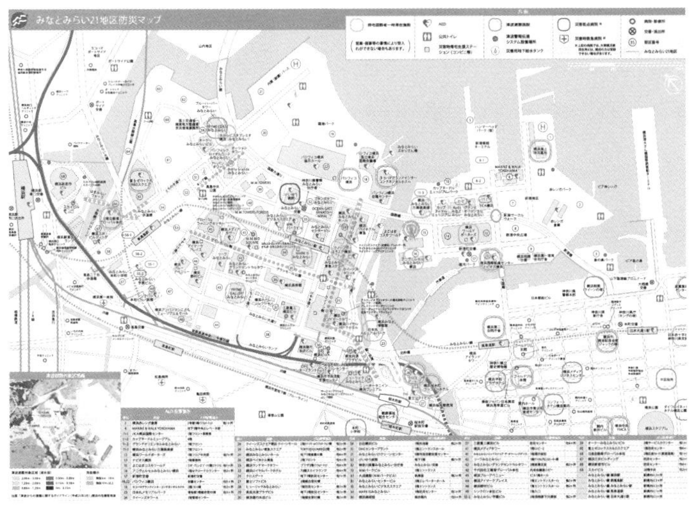

[그림 11] 미나토미라이21 지구 방재 맵(좌), 헬프 카드(우)(제공: 일반사단법인 요코하마 미나토미라이21)

졌다. 건물과 지반에 대한 지진대책뿐만 아니라 쓰나미로부터 신속하게 피난하기 위한 해발 표시와 쓰나미 피난정보판, 쓰나미 경보 시스템, 재해용 급수탱크, 방재비축창고 등의 피난설비를 갖추었다.

소프트웨어 측면의 방재대책도 추진하고 있으며, 일반 방문객과 직장인이 재해발생 시에 안심하고 행동할 수 있도록 '미나토미라이21 귀가 곤란자 지원 가이드'라는 방재 맵을 배포하고 있다. 또한 외국인을 대상으로 한 헬프 카드를 작성하여 재해발생 시에 피난, 정보수집, 의사소통을 지원하기 위한 대책도 마련하고 있다. 2017년 10월에는 도시재생 안전확보계획을 책정하여 지역 전체에서 종합적인 방재대책을 실시하고 있다.

환경·에너지

제1장에서 설명한 바와 같이 '환경 · 에너지'와 '방재 · 재해저감'이 조화를 이루기 위해서는 마이너스(리스크)를 줄이고 플러스(매력)를 창출하는 것이 중요하다. 앞으로 설명할 선진 사례 지역에서는 평상시는 '환경 · 에너지'와 비상시는 '방재 · 재해저감'과 연계된 지역 매니지먼트 활동을 실시하고 있다.

환경 · 에너지를 배려한 마을만들기: 롯폰기 지역

롯폰기 지역에서는 환경 · 에너지를 배려한 마을만들기를 추진하고 있으며, 그중 하나가 대규모 열병합발전 시스템이다. 도시가스를 이용한 가스엔진으로 발전을 하고, 발전 시에 발생한 비열을 이용하여 지역에 냉난방을 공급하고 있다. 사무실, 주택, 상업시설, 호텔 등의 복합용도로 구성된 롯폰기 힐즈는 안정된 전기와 열의 수요가 있으며, 이는 전력수요의 최고치가 평준화된다. 대규모 열병합발전 시스템에서 전기와 열을 일체적으로 공급하여 발전기의 비열도 낭비하지 않고 활용할 수 있다. 이를 통해 1차 에너지 저

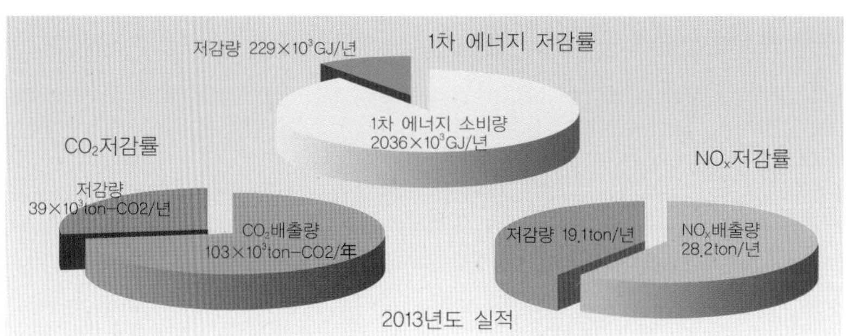

[그림 12] 열병합발전 시스템의 실적(모리 빌딩 주식회사 자료로 작성)

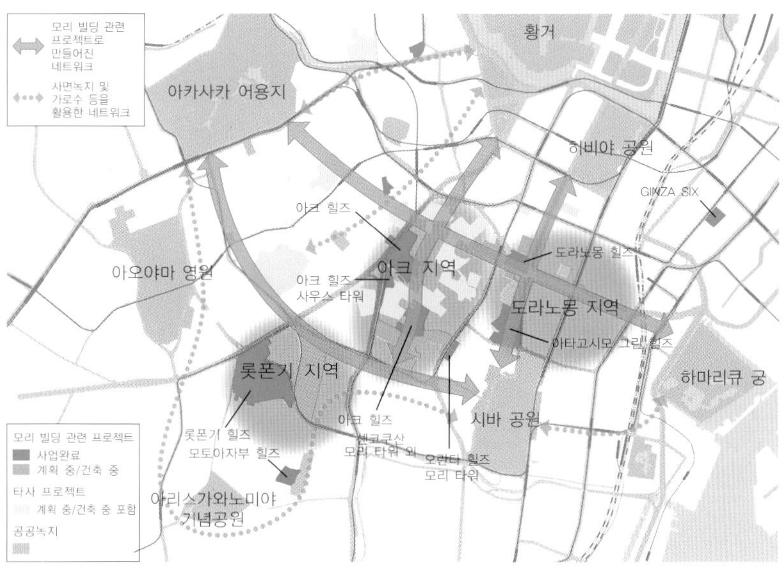

[그림 13] 모리 빌딩의 생태 네트워크(모리 빌딩 주식회사 자료로 작성)

감 및 CO_2와 NOx(질소산화물)의 배출량 저감을 실현하고 있다.[3]

또한 녹화활동의 일환으로 생태계보전의 대응책도 마련하고 있다. 생물의 생활거점이 되는 녹지와 가로수를 연결하여 생물이 서식하기 쉬운 환경을 만들고 있다. 모리 빌딩의 시설은 황궁과 아카사카 어용지赤坂御用地를 비롯한 대규모 공공녹지에 둘러싸여 있다. 시설 녹지는 대규모 공공녹지에 서식하는 다양한 생물들이 녹지 사이를 이동할 때 중요한 거점이 되며, 도심의 생태 네트워크를 충실하게 구축하는 데 기여하고 있다.

환경공생형 마을만들기: 다이마루유 지역

다이마루유 지역에는 'ECOZZERIA 협회(일반사단법인 다이마루유 환경공생형 마을만들기 추진협회)'라는 조직이 있으며, 환경공생형 마을만들기에 공헌하는 사업추진을 지원하고 있다. 이 협회는 오오테마치 호토리아에서 '3×3 Lab Future'라는 시설도 운영하고 있으며, 이 시설에서 환경을 주제로 하는 세미나와 이벤트, 주변 녹지의 생물 모니터링 조사 등을 지원하고 있다. 또한 '에코 연결' 대책은 이 프로그램에 참여하는 지역 점포에서 비용을 Suica(PASMO)*로 지불하면 지불액의 1%가 환경활동

[그림 14] 마이마루유 지역: 3×3 Lab Future(제공: ECOZZERIA 협회)

3 모리 빌딩 환경계 자료(2013년도 실적).
http://www.pref.fukuoka.lg.jp/uploaded/attachment/23055.pdf

* 주로 대중교통수단의 승차권으로 도입된 교통카드이며, 현재는 승차권 기능은 물론 전자화폐로도 사용되고 있다.

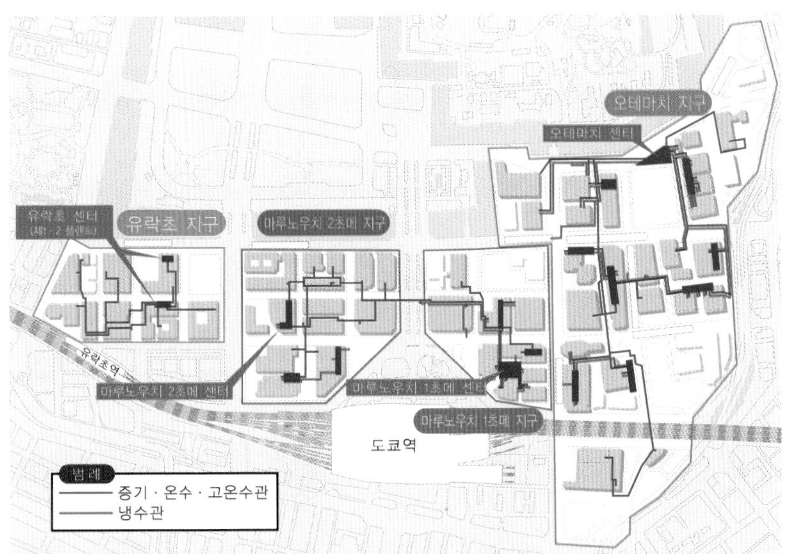

[그림 15] 다이마루유 지역: 면적인 에너지 시스템의 도입(마루노우치 열공급 주식회사 자료로 작성)

지원 및 지역 활동자금으로 활용되는 새로운 형태의 환경공헌활동이다. 이렇게 모인 기금은 삼림보전, 활력지원, 환경 프로젝트 등에 활용되고 있다.

하드웨어 측면의 대책으로는 환경공생을 목표로 면面적인 에너지 시스템의 도입을 추진하고 있다. 다이마루유 지역에는 증기와 냉수를 집중 제조하여 복수의 빌딩에 냉난방을 공급하는 지역냉난방 플랜트가 중심이 된 공급 네트워크가 지하에 확대되고 있다. 지역냉난방은 개별냉난방보다 에너지 소비량을 약 14% 이상 저감할 수 있다. 지역 전체의 에너지 시스템을 견고히 하여 에너지 효율을 높이고 재해 시의 대응력 향상에도 공헌할 수 있는 시스템을 구축하고 있다.

국제적인 환경성능인증제도: 가시와노하 지역(치바현 가시와시)

치바현千葉県 가시와시柏市 가시와노하柏の葉 지역은 '가시와노하 스마트시티'를 목표로 제시하고, 환경공생도시, 건강장수도시, 신산업창조도시라는 세 개의 축으로 마을만들기를 추진하고 있다. 이 중에서 환경공생도시는 풍부한 자연환경을 지역자원으로 활용하고 재해 시에는 라이프 라인 확보를 목적으로 하고 있다. 에너지를 효율적으로 활용하기 위하여 태양광발전과 축전지 등의 분산전원 에너지를 지역 간에 상호 유통하는 스마트 그리드smart grid를 운용하고 있다. 독립적인 송전선을 사용하여 전력회사의 전력과 분산전원을 병용하면서 전력을 지역 간에 유통함으로써 지역 전체의 전력 피크 컷*을 목표로 하고 있다. 또한 평일과 휴일의 전력수요가 다른 점을 활용하여 지역 전체의 전력 피크 컷, 에너지 · CO_2 저감을 도모하고 있다.

또한 치수 목적인 '2호 조정지'를 '아쿠아 테라스'로 친수공간

[그림 16] 가시와노하 이노베이션 캠퍼스 장래 구상도(점선 안이 LEED-ND의 인증구역)(제공: 미츠이 부동산 주식회사)

* 피크 컷(peak-cut)은 전기사용량이 가장 많은 시간대의 전력소비를 억제하는 에너지 시책이다.

화하고, 2016년 11월부터 일반인이 함께 사용하도록 하는 등 자연공생형 시책을 적극적으로 추진하고 있다. 가시와노하 도시디자인센터UDCK 및 미츠이 부동산三井不動産 주식회사는 '가시와노하 스마트시티' 개발계획에 참여하였으며, 미국의 그린빌딩협회USGBC가 운영하는 국제적인 환경성능인정제도 'LEED' 마을만들기 부문 'NDNeighborhood Development(근린개발)'에서 계획인증 최고 순위인 '플래티늄Platinum 인증'을 취득하였다.

[그림 17] 가시와노하: 아쿠아 테라스(제공: 그림 16과 동일)

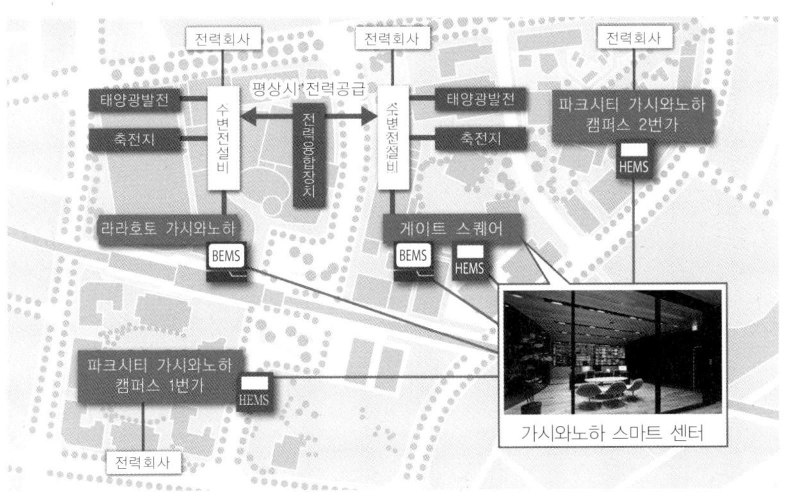

[그림 18] 가시와노하 지역의 에너지 시스템(제공: 그림 16과 동일)

2-4

앞으로 기대되는 활동

어번 테라스(마루노우치 나카 거리)

제1장에서 설명한 바와 같이, 지역 매니지먼트는 앞으로 지역에 뿌리를 둔 기존 산업에 더해 새로운 산업을 지역에 정착하게 할 활동을 시작했다. 본 절에서는 지역의 미래를 만들어 가는 지역 매니지먼트 활동으로 앞으로 기대되는 대응방안을 소개한다.

지적 창조·신기능

새로운 산업을 지역에 뿌리내리게 하는 방안 중 하나는 '지적 창조 · 신기능'이다. 이 활동은 지적 교류에서 새로운 기능, 콘셉트를 만든다는 측면에서 주목받고 있다.

지식자본: 우메키타 지역(오사카부 오사카시)

지식자본Knowledge Capital은 우메키타 선행개발지역인 '그랜드 프론트 오사카'의 중핵시설로 계획되었다. 여기에는 다양한 사람들이 모여 지식을 집적하는 장으로서 새로운 지역가치를 창출해내고 있다. 기업인, 연구자, 크리에이터, 일반 거주자 등 각양각색의 사람들이 교류하고, 각각의 지식을 결합하여 새로운 가치를 만들어내는 '지적 창조 · 교류의 장'으로 발전하고 있다. 2013년 개업 이후 5년간 대학 및 연구기관 · 기업 등의 총 참가수는 147건, 회원제 교류회 '지식살롱Knowledge Salon'의 총 방문객 수는 약 60만 명, 해외로부터 53개국, 251개 단체가 시찰 방문하고 있으며, 업계, 분야, 국적을 뛰어넘는 다양한 협업을 실현하고 있다. '지적 교류의 장'으로서 시설 제공에 머무르지 않고 코디네이터 활동, 교류 이벤트 개최 등의 운영기능도 있으며, 다양한 네트워크를 구축하고 있다.

3×3 Lab Future: 다이마루유 지역(도쿄도 치요다구)

'3×3 Lab Future'는 오테마치 호토리아大手町ホトリア에 있는 비즈니스 교류시설이다. 여기에는 국내외의 기업과 인재가 다양한 주제로 폭넓게 교류하고 협력하여 새로운 비즈니스를 만들어내는 목적으로 매력적인 장소 만들기를 실천하고 있다. 예를 들면 'CSV 경영 살롱'은 기업회원의 환경 CSRCorporate Social Responsibility(기업의 사회적 책임) 및 홍보부문 등의 담당자를 대상으로 업무를 통하여 CSVCreating Shared Value(공통가치의 창조)를 실천하고 있는 기업의 사례를 배우면서 경험을 공유하는 공간으로 운영되고 있다. 또한 개인회원의 네트워크도 구축되어 있으며, 다양한 분야에서 활약하는 사람들이 교류하는 '환경', '경제', '사회'의 균형 있고 지속가능한 사회 만들기에 기여하는 것이 목적이다.

생활 제작소 TETTE: 후쿠오카현 기타큐슈시

주택판 지역 매니지먼트를 실천하고 있는 후쿠오카현福岡県 기타큐슈시北九州市 BONJONO에서는 '생활 제작소 TETTE'라는 집회소를 거점으로 다양한 창조 · 교류활동을 추진하고 있다. 일반적인 자치회 집회소는 예약한 이용자만 사용 가능하지만 TETTE에서는 언제라도 사용할 수 있는 제3의 공간으로서의 역할을 하고 있다. 360도 유리 건물이며, 내부를 분리하는 벽은 없지만, 부엌, 도서관, DIY 공간이 있다. BONJONO 거주자, 시설 · 점포의 정회원의 월회비(BONJONO 사람 · 마을 네트의 자금)로 관리인이 상주해 있다.

BONJONO 지구 이외의 주민도 자유롭게 시설을 사용할 수 있는 준회원 제도가 있으며, 연회비 1000엔+공간 점용료로 주방과 교류공간, DIY 공간 등을 1시간 단위로 사용할 수 있다.

미소기가와 대학 · 노토 유학: 이시가와현 나나오시

이시가와현石川県 나나오시七尾市는 작은 세계도시 개념의 미래를 육성할 목적으로 '미소기가와 대학御祓川大学'이라는 시민대학을 개교했다. 미소기가와 대학의 메인 캠퍼스는 옛날 은행건물을 대학생과 지역 주민이 함께 리노베이션하여 재활용한 공간이다. 이 공간은 마을만들기 거점으로서 이벤트, 워크숍, 세미나 등 다양한 프로젝트 공간으로 이용되고 있다.

또한 '노토 유학能登留学'이라는 노토의 기업 등을 대상으로 한 캐리어 디자인 프로그램도 실시하고 있다. 노토의 기업과 행정, 여관조합 등이 연계한 장기실천형 인턴사업으로 추진하고 있으며, 지역과 기업의 과제해결 현장에 인턴생을 초대하고 있다. 지역 매니지먼트 단체(주식회사 미소기가와)가 기업과제 발굴과 프로그램 설계 등의 프로젝트까지 종합적으로 함께 하고 있다.

[그림 19] 노토 유학 · 미소기가와 대학(왼쪽 사진 제공: 주식회사 미소기가와)

1

2

3

1 지식자본(제공: 그랜드 프론트 오사카 TMO)

2 3×3 Lab Future(제공: ECOZZERIA 협회)

3 생활 제작소 TETTE(제공 : BONJONO)

건강·식습관 교육

앞으로 기대되는 지역 매니지먼트의 두 번째 활동은 '건강 · 식습관 교육'이다. 지역 주민과 직장인 한 사람 한 사람이 보다 건강하고 자립적인 취업활동을 할 수 있도록 건강 만들기와 식습관 교육이 추진되고 있다. 건강과 음식을 주제로 한 이벤트만 개최하는 것이 아니라 지역이 가진 지역자산(자연, 문화, 농업, 역사 등)을 염두에 둔 지역 매니지먼트 활동이 전개되고 있다. 지역의 특정 공간 및 점포를 이용하여 식재료 및 신체에 관한 지식을 공유하고 스포츠를 통한 새로운 커뮤니티를 창출하고 있다.

아침의 태극권: 롯폰기 지역

롯폰기 지역에서는 '아침의 태극권'이라는 여름 한정 이벤트가 개최되고 있다. 지역 이벤트인 이 활동은 롯폰기 지역에 정착해 왔으며, 지역 주민과 직장인 등 많은 사람들이 참여하고 있다. 신청절차와 참가비가 없기 때문에 초보자도 편하게 참가할 수 있다는 점과 건강에 대한 관심이 높아지면서 많은 사람들에게 친숙하게 다가가고 있다.

마루노우치 라디오 체조 · 마루노우치 연식야구대회: 마루노우치 지역

다이마루유 지역의 마루노우치에서는 '마루노우치 라디오 체조'가 개최되고 있다. 이러한 활동은 마루노우치 지역에서 일하는 직장인을 대상으로 점심시간 이후에 기분전환, 건강을 주제로 한 활동이며, 참가자에게는 지역 점포의 특전이 준비되어 있다. 또한 '마루노우치 연식야구대회'는 지역 기업 관계자들의 교류를 도모할 목적으로 개최되고 있으며, 기업팀이 참가하고 메이지신궁 근처의 연식야구장이나 근교 야구장을 이용하여 대회를 추진하고 있다.

달리기, 요가, 킥복서사이즈*: 시나가와 지역(도쿄도 미나토구)

시나가와 시즌 테라스에서는 '나이트 킥복서사이즈night Kick boxercise'와 '식습관 안내자concierge'라는 건강 · 식습관 교육 프로그램을 운영하고 있다. '나이트 킥복서사이즈'는 어른들을 대상으로 정기적으로 개최되는 프로그램이며, '식습관 안내자'는 개개인의 식생활에 맞는 상담과 식사내용 분석 등을 실시하는 맨투맨 프로그램이다. 또한 시나가와역 주변에서 일하고 있는 직장인과 지역 주민이 기획한 지역 동아리 활동을 지원하는 '컬처 테라스culture terrace' 프로그램도 있다. 동아리 활동을 원하는 개인이나 단체를 위해 시나가와 시즌 테라스 시설을 개방하고, 지역 매니지먼트 단체가 활동을 지원하는 등 새로운 기능을 만들고 있다.

Umekiki: 우메키타 지역(오사카부 오사카시)

우메키타 지역에 있는 '그랜드 프론트 오사카'에서는 'Umekiki'라는 식습관 교육활동을 2013년부터 해 오고 있다. Umekiki는 '맛을 감정하다'라는 콘셉트로 그랜드 프론트 오사카에 밀집되어 있

* kickboxing과 exercise의 합성어로 복싱 연습방법을 받아들인 운동을 말한다.

는 레스토랑과 카페 음식에 관한 지식을 쌓고, 맛을 느끼는 힘을 기르는 것을 목적으로 활동하고 있다. 식재료의 선택방법과 조리 방법, 먹는 방법의 흥미와 이해를 높이고, 식생활을 즐기는 것에 주안점을 두고 있으며, 전국의 생산자와 손잡고 활동하고 있다. 매년 다양한 음식에 관한 주제를 정하고, 지식과 자긍심을 전하는 정보지 〈Umekiki Paper〉를 발행하고 있다. 또한 주제에 맞게 각 점포의 요리사가 만든 요리로 '한정 메뉴 축제'와 음식 전문가에게 직접 배우는 요리교실 등 다양한 이벤트를 실시하고 있다. 그리고 생산자가 직접 식재료를 판매하는 'Umekiki Marché'도 개최하고 있다.

건강 만들기 활동

1

2

1 아침의 태극권(제공: 모리 빌딩 주식회사)

2 마루노우치 라디오 체조(제공: NPO 법인 다이마루유 지역 매니지먼트 협회)

1

1 시나가와 시즌 테라스: 달리기, 요가, 킥복싱(제공: 시나가와 시즌 테라스)

2 그랜드 프론트 오사카 : Umekiki 생산지 투어(제공: 그랜드 프론트 오사카 TMO)

2

column 1

전국 지역 매니지먼트 네트워크

전국 지역 매니지먼트 네트워크[1)]

'전국 지역 매니지먼트 네트워크'는 지역 매니지먼트 단체를 연계한 전국 조직으로 2016년 7월에 발족했다. 지역 매니지먼트에 관련한 연계 · 협의의 장을 제공하고, 정책제안 및 정보공유, 보급, 계발하고, 행정과의 연계를 통한 지역 매니지먼트 발전을 지원하는 것 또한 목적이다. 전국 각지에서 심포지엄을 개최하고 분과회(그림 1), 해외시찰(그림 2) 등을 통하여 선진 사례나 지역 매니지먼트 추진상의 과제에 대한 정보를 공유하고 있다. 회원수는 단체 · 개인을 합하여 138개이며, 38개의 지역 매니지먼트 단체가 가입해 있다(2018년 5월 시점). 이러한 단체는 일본에서도 가장 선진적인 지역 매니지먼트 활동을 추진하고 있으며, 그 활동들이 주목받고 있다.

활동 · 과제에 관한 설문조사[2)]

전국 지역 매니지먼트 네트워크 사무국이 주체가 되어 지역 매니지먼트 단체를 대상으로 설문조사가 실시되었다. 제1회 '조직체제와 활동내용(2016년 8월~)' 조사에서는 지역 매니지먼트 단체의 조직체제, 주요 수입원, 활동내용, 활동공간 등에 관한 조사가 실시되었다. 법인조직과 임의조직의 차이와 각 지역 매니지먼트 단체가 중요하게 생각하고 있는 활동이 명확히 확인되었다. 제2회 '지역 매니지먼트 활동 추진상의 과제(2016년 12월 ~)' 조사에서는 지역 매니지먼트 단체의 과제에 관한 조사가 실시되었다. 재원, 인재, 인지, 제도, 기타 등 다섯 개 항목의 과제 중 대부분의 단체가 재원, 제도 등의 과제를 안고 있다는 것이 밝혀졌다. 설문조사 결과의 일부는 4-1절, 4-2절, 5-1절에 정리되어 있다.

1) 전국 지역 매니지먼트 네트워크 홈페이지: https://areamanagementnetwork.jp/
2) 丹羽由佳理 · 園田康貴 · 御手洗潤 · 保井美樹 · 長谷川隆三 · 小林重敬, 〈エリアマネジメント組織の団体属性と課題に関する考察−全国エリアマネジメントネットワークの会員アンケート調査に基づいて−〉《日本都市計画学会学術研究論文集52巻(2017)3号》, pp.508-513.

[그림 1] 분과회 그룹 토론 모습(제공: 전국 지역 매니지먼트 네트워크)

[그림 2] 뉴욕 BID 시찰 모습(제공: [그림 1]과 동일)

제 3 장

해외 도시의 매력을 만드는 BID와 지역 매니지먼트

뉴욕 타임스 스퀘어 BID(제공: Michael Grimm for the Times Square Alliance)

지역 매니지먼트의 바탕이 되는 BID

BID 제도의 역사

BID 제도는 북미에서 1960-70년대에 상점가진흥조합에 의한 중심시가지 활성화 활동을 통해 이익을 얻고 있음에도 불구하고 비용을 부담하지 않는 무임승차자에 대한 대응책으로 일정한 지역 안에서 시가 강제적으로 부담금을 징수하여 그것을 분배하는 방식으로 지구 조직이 지구 활성화를 위해 활동할 수 있게 하는 시스템을 만든 것이 시초라고 알려져 있다.

세계 최초의 BID 제도는 1969년 캐나다 온타리오주에서 시작되었으며, 1970년에 토론토시 블루어 웨스트 업무개선지구BIA: Bloor West Village Business Improvement Area에서 처음으로 조직화되었다고 한다. 그 후, 미국에서는 1974년에 뉴올리언스시에서 최초로 제도화되어 청소와 방범을 주요 활동으로 하는 BID가 미국 전역으로 확대되었다. 영국에서는 1980년대 이후, 중심시가지 활성화 수법으로 보조금과 기부금 등에 의한 TCMTown Centre Management이 이용되었고,

[그림 1] BID에 의한 활동 모습(고압세척, 안내 및 방범활동)(출처: San Francisco Tenderloin Community Benefit District(좌), Minneapolis Downtown Improvement District Annual Report 2016(우)

2004년에 안정적인 재원을 확보하기 위해 BID 잉글랜드 법The Business Improvement Districts (England) Regulations이 제정되었다.

그리고 현재는 독일과 네덜란드를 시작으로 유럽, 오스트레일리아, 뉴질랜드, 브라질, 남아프리카에 이르기까지 여러 국가에서 BID가 활용되고 있다.

해외 BID: 미국, 영국, 독일

미국에서는 1940년대부터 1960년대에 이르러 도시의 교외화와 도심 쇠퇴가 진행되어 도심재생을 위한 공공서비스의 일환으로 BID 단체가 청소활동, 방범활동을 실시하게 되었다. 현재는 마케팅과 프로모션 등, 지구의 가치를 높이기 위한 활동도 함께 이루어지고 있다. 영국에서는 상업진흥을 목적으로 지역의 질적 향

[그림 2] 샌프란시스코시 유니온스퀘어 BID의 야간 이벤트

상을 도모하는 활동이 많다. 미국에서는 기본적인 청소·방범활동은 행정 서비스의 일환으로 이루어지고 있다. 영국에는 다양한 BID가 존재하고 있어 상업 관련 BID뿐만 아니라 공업 관련 BID도 존재한다. 또한, 독일에서는 상점가의 가로포장과 가로등 등, 가로공간의 물리적인 재정비와 함께 조명장식 설치를 통한 상업진흥도 시행하고 있어 미국과 영국보다 물리적인 정비를 전제로 한 BID 활동이 이루어지고 있다고 할 수 있다. 그리고 국가마다 3년에서 5년 또는 10년의 BID 갱신조항을 포함하고 있어 BID의 정기적인 평가가 이루어지고 있다.

미국의 BID

미국의 BID는 1970년대 후반부터 확대되었다. 국제 다운타운 협회의 조사(2011년)에 따르면, 미국에는 1000개 이상의 BID가 존재한다고 한다. 활동내용으로는 청소, 방범·치안 유지 등이 중심인 단체가 많지만, 주차장 및 교통 서비스, 집객 및 수용 활동, 공공공간 관리, 사회사업, 사업유치 등의 활동을 하는 BID 단체도 증가하고 있다. 2017년 현재, 뉴욕시에는 75개의 BID가 운영되고 있어, 미국 주요 도시 중에서도 가장 많은 BID 수를 자랑하고 있다. [그림 3]을 참조하면 맨해튼의 중심부와 브루클린의 주요 거리에서 BID가 이루어지고 있는 모습을 알 수 있다.

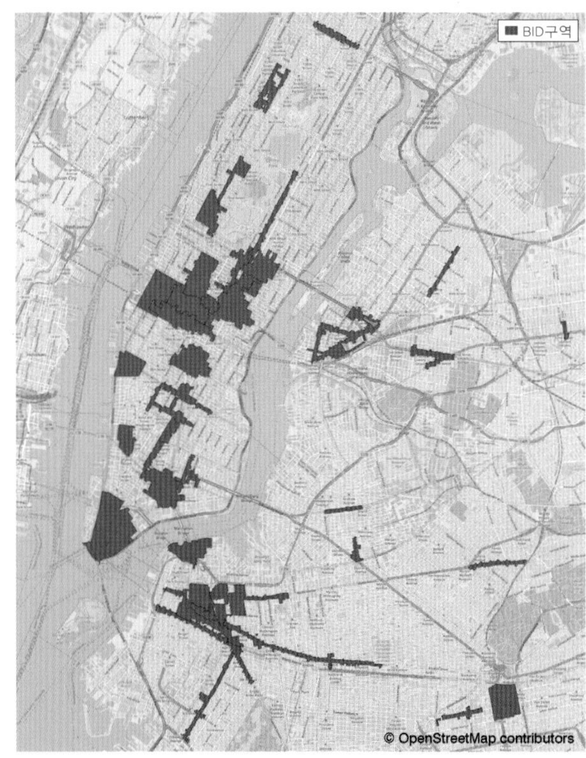

[그림 3] 뉴욕 중심부의 BID 분포(NYC 공공 데이터를 이용해서 작성)

뉴욕시의 BID

1. 브라이언트 파크 BID

1970년대부터 1980년대까지 브라이언트 파크Bryant Park는 치안이 너무 좋지 않아 범죄의 온상이었다. 이러한 사회문제에 대처하기 위해 1980년에 BID 단체가 설립되었고, 1992년에 생울타리를 철거하는 대규모 공원 재정비를 시행하였다. 그리고 간이의자와 청결한 공중화장실을 설치하고, 많은 이벤트를 개최하거나 레스토랑을 개점하는 등 브라이언트 파크는 지역의 활기 넘치는 장소로 변모하였다.

2. 타임스 스퀘어 BID

타임스 스퀘어에는 예전부터 역사적인 아름다운 극장이 많이 존재하였지만 1970년대에는 극장들이 벌레스크burlesque나 포르노 영화관으로 변하면서 치안도 악화 일변도였다. 하지만 1992년에 극장의 부활과 지역의 안전성 향상 및 활성화를 위해 타임스 스퀘어 BID(Times Square Alliance)가 설립되어, 2010년에 브로드웨이 5블록의 도로공간을 광장으로 조성한 결과, 뉴욕에서도 가장 많은 관광객이 찾는 광장으로 변모하였다. 근래에는 관광객과 함께 사진을 촬영하고 무리하게 요금을 청구하는 인기 캐릭터 옷을 입은 사람들이 늘어나고 있는데, BID에서는 이러한 문제에 대해서도 시의 조례 제정을 위한 활동을 펼치고 있다.

[그림 5] 타임스 스퀘어 계단

덴버시 다운타운의 BID와 지역 매니지먼트

1. 다운타운 덴버 BID와 다운타운 덴버 파트너십

다운타운 덴버Downtown Denver BID는 상점가 관리조합(1982년 설립)을 전신으로 1992년에 설립되었다. 활력가인 16번 스트리트몰을 중심으로 청소와 유지관리부터 시작하여 현재(2017년)에는 120

블록, 407명의 부동산 소유자, 877곳의 부동산을 상대로 여러 서비스를 실시하고 있다. 10년마다 갱신되어 현재는 3기째다. 덴버 다운타운의 BID 활동은 다운타운을 2층으로 정비(주변 시가지를 포함하면 3층)하면서 더불어 서비스 제공 및 관련 통계 데이터 취득 등을 유연하게 조정하고 있는 점이 특징이다. 다운타운 전체의 운영과 조정을 담당하는 것은 상위조직의 다운타운 덴버 파트너십DDP 이고, 다양한 조직들과 연계하면서 사업을 진행하고 있다. 또한, BID는 시군정부 및 BID 외의 주변 주거지역과 청소, 방범 등을 개별 계약해 사업을 진행하고 있어 BID 활동이 주변으로 확장되고 있음을 볼 수 있다.

2. 지주회사제도를 채용한 DDP와 하드웨어 정비형 BID(14th GID)

DDP는 많은 조직을 통괄하는 우산과 같은 역할을 담당하고 있다. BID 단체뿐만 아니라 다양한 파생단체가 인적 자원 및 자금

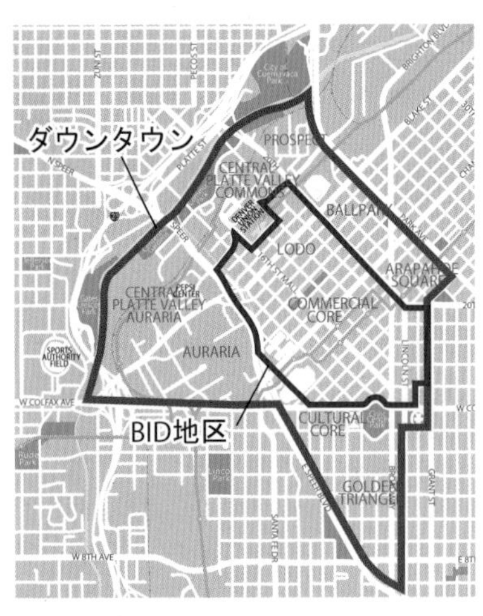

[그림 6] 다운타운 범위와 BID 구역(출처: 덴버 다운타운 보고서 2016)

[그림 7] 물리적 정비를 실시한 14번가(출처: studioINSITE 홈페이지)

등을 지원받는 지주회사Holding제로 운영되고 있다. 그중에서도 시의 보조금과 시채(지방채)에 의해 토지소유자가 보도 확장을 실시한 14th GIDGeneral Improvement District로 불리는 정비구역(조직)의 활동이 특징적이다.

3. 도로공간에서의 사회실험과 스카이라인 파크의 공적 활용

BID도 함께 출자한 'Meet in the Street' 이벤트에서는 보통 무료

[그림 8] 16번 스트리트몰에서의 사회실험 모습(현재 모습(상), 사회실험 모습(하)(출처: DOWNTOWN DENVER 16TH ST MALL Small Steps Towards Big Change: GEHL STUDIO / SAN FRANCISCO Delivered to the City and County of Denver-FEBRUARY 2016)

[그림 9] 스카인라인 파크 활용 사례(퍼블릭 뷰잉, 스케이트 링크)(출처: VISIT DENVER 홈페이지)

버스가 지나다니는 16번 스트리트몰의 교통 루트를 보행자전용도로로 변경하는 사회실험이 실시되었다. 잔디를 설치하고 암벽등반 벽과 어린이 놀이공간, 놀이기구 등을 설치하였으며, 예술작품 전시 및 공연도 실시하였다. 또한, 다운타운에 있는 스카이라인 파크에서는 여름에는 퍼블릭 뷰잉*을 실시하고, 겨울에는 스케이트 링크를 설치하는 등의 다양한 이벤트를 개최하고 있다.

영국의 BID

영국의 중심시가지에서는 1980년대 이후, 정부 및 EU, 대형 소매업자 등으로부터 자금을 원조받는 상업단체가 활동하고 있었

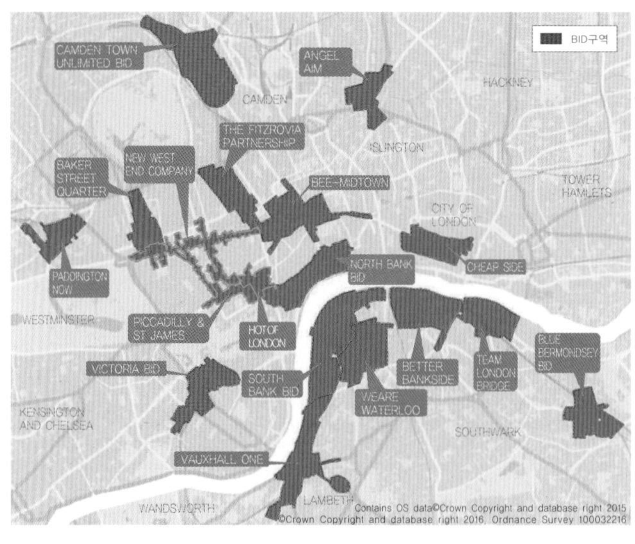

[그림 10] 런던 중심부에서 활동하는 BID(출처: 영국 BID 리포트)

* 퍼블릭 뷰잉(Public Viewing)은 지자체와 교육기관, 지역단체, 스포츠 단체 등이 주관하여 공공장소에 설치된 대형 스크린으로 스포츠 경기 등을 관전하는 이벤트.

다. 회원에게 부담을 요구하는 BID 제도에 대해 2002-05년에 걸쳐 BID 파일럿 사업이 진행되어 2004년에 BID 잉글랜드 법을 제정하였다. 그리고 2015년에는 전국에 200개 이상의 BID가 존재하였다.

영국 BID의 특징은 5년마다 갱신 투표가 열려 과반수의 동의를 얻지 못하면 BID 단체로 활동을 계속할 수 없다는 점이다. 또한, BID 세금에 대해서는 토지소유자뿐만 아니라 임차인(사업자)에게서도 징수할 수 있다는 점이 특징이다. 활동내용은 미국 BID와 비교하여 마을의 활기 창출 등, 상업 및 산업 진흥적인 서비스에 중점을 두는 경향이 있으며 상업계 BID 외에 공업계 BID도 존재한다. 대런던Greater London에는 48개 BID가 설립되어 런던 전체의 매력 향상으로도 이어지고 있다.

런던의 BID

[그림 11] 베터 뱅크사이드 BID 지구의 모습
(출처: FLAT IRON SQUARE 홈페이지)

1. 베터 뱅크사이드 BID

베터 뱅크사이드Better Bankside BID는 런던 중심부인 템스 강의 남쪽에 위치해 있다. 예전에는 공업용지로 이용되어 한때 쇠퇴와 황폐를 경험했지만, 현재는 테이트 모던, 버러 마켓Borough Market, 셰익스피어 글로브 극장 등을 포함해 런던 시내에서도 가장 활기 넘치는 지역 중 한 곳으로 연간 약 600만 명이 방문하는 관광지가 되었다. BID는 지구의 안전을 기본으로 하면서도 자연환경에 대한 배려와 비즈니스 환경 정비에도 힘을 쏟고 있다. 특징적인 활동으로는 자전거 수리 서비스와 보행공간 정비, 뱅크사이드 녹지화에 대한 투자와 공공과 민간이 연계하는 하드웨어 정비를 들 수 있다. 또한, 인접 BID와도 연계하여 지역고용을 촉진하는 프로모션도 진행하고 있다.

2. 런던 브리지 지구 BID(Team London Bridge)

런던 브리지 지구 BID는 2006년에 설립되어 지구 안에는 국제기업부터 중소기업까지 340개사 이상이 위치해 있다. 런던 중심부 템스 강 남측에 위치하여 런던 브리지에서 타워 브리지까지 런던 시청사, 병원, 킹스 칼리지(대학) 등의 다양한 시설이 포함되어 있다. 이전에는 치안이 나쁜 지역이었지만 재개발이 많이 이루어져 현재의 모습이 되었다. 경관정비를 실시하여 가로변의 벽면녹화 및 나무심기, 청소에 힘을 쏟고 있다. 비즈니스 지원 및 환경정비에는 고용 알선, 신규기업 등록, 기금을 통한 지원, 리사이클 사업 등 다양한 사업이 진행되고 있다. BID가 관여하고 있는 런던 브리지 라이브 아트 이벤트의 참가자는 2500명을 넘는다.

[그림 12] BID가 수립한 런던 브리지 플랜(출처: Team London Bridge 홈페이지)

스완지의 BID

1. 스완지 개요

스완지Swansea는 인구 약 24만 명으로 영국 웨일스에서 인구가 두 번째로 많은 도시다. 19세기, 산업혁명의 발생지로서 전성기에는 세계 동銅산업의 90%를 차지하여 브리크(저탄소연강판) 생산과 도자기의 지역으로 번성하였다. 하지만 그 후 대규모 환경오염이 일어나 산업이 쇠퇴하고 말았다.

2. 스완지 BID 성립 경위와 특징

스완지는 영국 내에서 초기 단계부터 BID 제도를 도입한 도시다. ATCMthe Association of Town Centre Management의 BID 모델 사업에 선정되어 웨일스에서 최초의 BID가 되었다. 2006년에 설립되어 2016년 8월부터 제3기를 맞이하였고 836개의 기업 및 조직이 가입해

[그림 13] 스완지 중심부(캐슬 스퀘어)(출처: The means to change place for the better Review of Business Improvement in Wales, June 2013)

있다. BID 지역에는 쇼핑센터와 슈퍼마켓, 버스터미널, 관광센터, 미술관 등이 위치해 있다. 스완지 BID와 웨일스대학의 협동사업인 Creative Bubble Project(빈 점포 활용사업)는 2015년 전 영국 BID 협회British BIDs의 자랑스러운 프로젝트Proud Project의 최종심사에 남는 등, 그 실적은 영국 전체에서도 높이 평가받고 있다. 2013년에는 웨일스 정부에 의한 BID 평가가 시행되어 정부가 카디프대학에 제삼자적인 입장으로 분석을 의뢰하는 등 지역 차원에서도 협동이 보인다.

3. 스완지 BID의 활동

스완지에서는 중심시가지 활성화를 위해 주차장과 교통 분야에 대한 정책이 중요시되어 어떻게 하면 주차장 이용률을 높여 중심시가지에 머물 수 있도록 할까에 대한 관점으로 직장인 주차 할인권과 파크 앤드 드라이브Park and Drive를 시행하고 있다.

야간 경제 활성화를 위해서 경비와 방범 활동에도 힘을 쏟고 있어 2015년 2월에 ATCM의 퍼플 플래그 인증을 취득하였다. 이 인증

[그림 14] 택시 마셜 사업(출처: [그림 13]과 동일)

은 지자체와 레스토랑 및 영화 등 많은 이해관계자와 연계하여 안전 및 민관 파트너십으로 추천하는 프로그램을 시행하고 있는 도시에 주어지는 것이다.

안전 및 안심 분야에서 특징적인 것은 택시 승차장에서의 말다툼을 방지하기 위해서 정리요원을 두는 '택시 마셜' 사업이다. 또한, 알코올 관련 문제처리 건수는 BID의 자기평가항목에도 들어 있다. 그리고 경비원이나 안내원을 두는 '레인저스' 사업은 위에서 말한 퍼플 플래그 인증에도 공헌하였다.

그 외, 다양한 이벤트와 사업에서 BID가 자금을 조달하고 있는 것과 웨일스 정부와 영국 정부의 사업에 컨설팅 창구업무를 진행하고 있는 것도 특징이다.

독일의 BID

독일의 BID 제도는 2004년 함부르크시(자유한자도시, 주州와 같은 권한을 가짐)에서 시작되었다. 그 후, 헷센Hessen, 브레멘Bremen, 잘란트Saarland주 등, 10개 주에서 법제화되었지만, 전체 주에서 제도화된 것은 아니고 의회의 반대로 법제화되지 못한 주도 있다. 연방連邦에서는 2007년 건설법전에 BID 조항을 추가하여 미국이나 영국과는 다른 독자적인 발전을 이루고 있다.

제도 도입의 계기가 된 것은 함부르크시의 알스타 호수 연안의 융페른슈티크Jungfernstieg에서의 주州 정비사업이었다. 지역 자산가의 기부를 주요 재원으로 호반과 보도블록 등의 공간 재정비를 시행한 결과, 지역 활기를 회복하였다. 그리고 이 프로젝트의 성공을

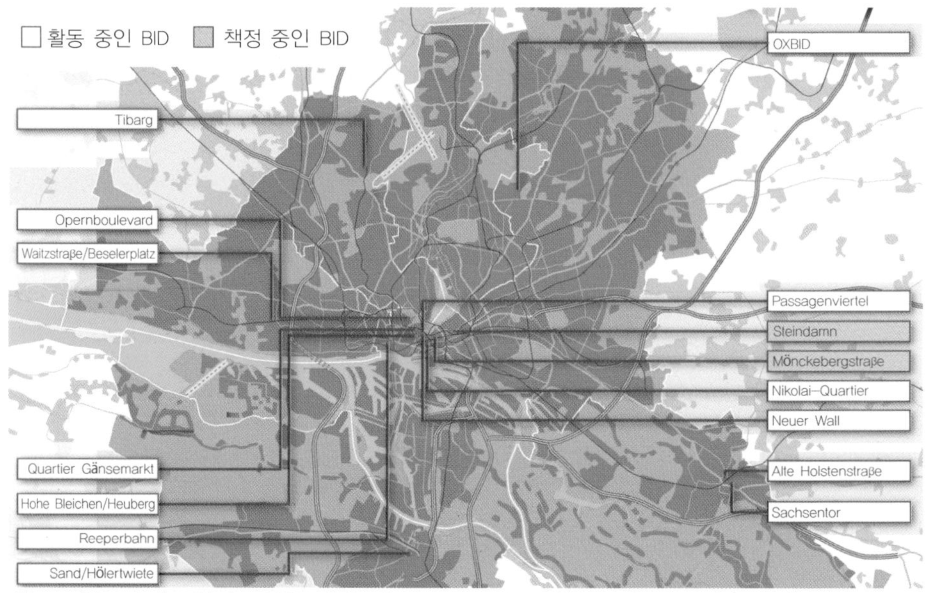

[그림 15] 함부르크의 BID(출처: 10 Jahre Business Improvement Districts in Hamburg)

보고 있던 주변 권리자로부터 같은 정비를 시행하고 싶다는 요청이 쇄도하여 파일럿 프로젝트 실시를 거쳐 주 BID 법 제정에 이르렀다. 현재 독일에서는 30개가 넘는 BID가 운영되고 있고, 그중 반 이상이 함부르크시에 위치한다. 또한, 독일의 BID 제도에는 소멸시효 조항이 규정되어 있어 3-5년의 갱신기한을 설정해 놓았다. 그 결과, 역할을 마치고 완료 및 폐지된 BID도 존재한다.

함부르크시의 BID

1. 함부르크시의 BID 지구와 운영 주체

함부르크시는 독일에서 가장 많은 BID가 위치해 있으며 2018년 현재, 14지구에 BID가 설정되어 있다([그림 15] 참조). 또한, 현

[그림 16] 함부르크 시내의 BID 지구 모습(출처: 좌상 · 우상은 Neuer Wall BID 홈페이지에서, 좌하는 함부르크시 홈페이지에서(제공: BID Passagenviertel c/o Zum Feide GmbH), 우하는 함부르크시 홈페이지에서 (제공: Bergedorf stadtmarketing))

재 1지구가 수립 중에 있어 BID 활동이 가장 활발한 도시라고 말할 수 있다. 운영조직은 건설회사와 컨설턴트, 지역 마을만들기 조직 등이 있어 도심부에서는 한 회사가 여러 BID를 운영하는 점이 흥미롭다.

2. 함부르크시 BID의 주요 활동

북미와는 다르게 공공공간의 질質적인 향상을 목적으로 하는 공간 재정비와 상업 활성화가 주요 활동이다. 도로나 보도블록, 주차장과 가로조명 정비, 벤치와 노상 화단, 조명장식 설치에 더하여 임대차 매니지먼트 등의 상업 활성화 시책도 이루어지고 있다.

3. 노이어 발 BID

노이어 발Neuer Wall BID는 2005년 함부르크시의 중심시가지에서 처음으로 창설된 BID다. 이전에는 가구점포의 거리였지만, BID에 의한 질 높은 석재 부설공사 실시와 화단 설치, 조명장식 정비 등으로 거리환경 개선을 계기로 많은 브랜드 점포가 입주하여 고급 브랜드가 모여 있는 쇼핑거리가 되었다.

늦게 입주한 샤넬은 종래의 세 배에 달하는 임대료를 내는 등, 지역 브랜딩, 지가 및 임대료 상승에 효과가 있다고 볼 수 있다. 최근 방문객의 증가와 임대료 상승으로 지역 내의 임대수요가 높아지면서 종전 2층 정도의 주변 건물들이 4층 건물로 재건축되는 현상이 일어나고 있어, BID 활동이 중심시가지 활성화 시책으로 뚜렷하게 효과를 나타낸 사례라고 할 수 있다.

이 BID는 3기째를 맞이하고 있다. 처음에는 약 20%의 반대가 있었지만 2기째에는 5% 정도의 반대, 현재는 거의 반대하는 사람들이 없다는 것은 BID에 의한 시가지 활성화의 성과가 실제로 확인되고 있기 때문이다.

4. BID 바이츠 거리 · 베제레 광장

BID 바이츠 거리 · 베제레 광장BID Waitzstraße · Beselerplatz은 중심부에서 전철로 20분 정도 떨어진 교외 주택가에 있는 작은 상점가다. 이 지역에는 점포, 카페, 레스토랑, 사무소 등이 위치해 있다. BID 설립 전에는 대규모 쇼핑몰의 신규입점 때문에 상업적인 구심력이 감소하여 중심시가지가 쇠퇴하고 있었다. 역사적인 건축물의 보전도 이루어지지 않았고 수목의 관리도 제대로 이루어지지 않아 많은 과제가 쌓여 있었다. 그래서 2015년에 BID가 설립되어, 도

[그림 17] 노이어 발 지구(출처: Wikimedia Commons(촬영: sezaun))

[그림 18] BID 바이츠 거리 · 베제레 광장의 모습(출처: IGH Ingeniurgesellschaft Haartje mbH 홈페이지)

로의 일방통행화를 추진하여 고령자가 상점 정면에 주차할 수 있는 공간을 조성하였다. 그리고 가로등과 벤치 정비, 차도와 보도를 구별하는 도로포장의 색상 구분, 새로운 가로수로의 변경, 이벤트 공간의 정비 등을 실시하였다.

해외사례로 배우다

1. 물리적 정비를 포함한 공공공간 이용 · 활용과 관리

덴버에서는 다운타운 덴버 파트너십이 BID를 포함한 관련 조직을 관리하는 지주회사가 되어 큰 우산 역할을 담당하고 있다. 다운타운 덴버 파트너십에서 파생된 단체가 시의 보조금과 시채 발행을 통해 보행공간 확장사업을 시행하여 그 공간을 관리하고 있다. 런던 중심부에서도 보행공간 정비와 녹지화를 민관협력으로 추진하고 있다. 독일에서는 상업진흥을 목적으로 공간정비의 일환으로서 가로공간의 보도블록 정비와 가로등 설치 등 물리적인 정비를 실시하고 관리하는 시스템이 구축되어 있다. 그리고 BID 관리자는 건설 관계자와 도시개발 컨설턴트인 경우가 많아 도심부에서는 하나의 기업이 복수의 BID를 운영하는 점에서 물리적 정비와 관리가 통합되어 사업화되고 있는 것을 알 수 있다.

2. BID에 의한 사회실험과 평가: BID 법안 수립을 위한 파일럿 프로젝트

덴버에서는 공공교통 및 보행자 공간의 개선방향을 찾기 위해 실제의 교통경로를 변경하여 사회실험과 평가를 시행하고 있다.

최근, 일본에서도 지역 매니지먼트 단체가 공공공간을 활용하는 사회실험이 늘어나고 있어 위 사례가 참고될 수 있다. 영국과 독일에서는 BID를 시작하기 전 단계에서 파일럿 프로젝트를 실시하여 BID가 가능한지를 확인한 후에 법안을 제정하고 있다.

3. BID를 끝낼 것인가 갱신할 것인가: 소멸시효 조항과 BID 평가

미국, 영국, 독일의 3개국 모두 3년에서 5년 또는 10년 등의 BID 갱신조항을 포함하고 있어 항상 권리자의 시점에서 BID 활동을 평가하여 개선해 나가는 시스템을 구축하고 있다. 독일에서는 실제로 BID를 운영한 후, 문제가 발생하거나 역할을 끝낸 경우, 무리하게 갱신하지 않고 완료 · 폐지하는 등 아주 유연한 운영이 이루어지고 있다. 스완지 BID가 위치한 웨일스에서는 정부가 대학에 의뢰하여 제3의 기관에 평가를 구하는 등, BID에 대한 외부평가도 이루어지고 있다.

column 2

해외 BID의 정보발신 활동

도시의 매력을 발신하다

미국, 영국의 BID에서는 다양한 활동 보고서를 작성하고 있다. 예를 들면, 5년마다 갱신하게 되어 있는 영국에서는 투표를 위해 다음 5년 동안 실시할 활동계획서와 함께 지금까지 달성한 다양한 사항에 대해서 매력적인 보고서를 작성하고 있다. 이 칼럼에서는 이와 관련한 다양한 사례를 소개한다.

노팅햄 BID

노팅햄 BID에서는 디자인을 중시한 5개년 보고서 · 계획서를 작성하고 있다. 패션잡지와 같은 질 높은 사진을 사용하여 임팩트가 강한 디자인을 채용하고 있다.

BID 활동은 지도와 애플리케이션의 연동과 홍보활동, 무료 · 할인 주차, 이벤트, 방범활동, 야간 경제, 청소 등에 더해, 상업 프로모션에도 힘쓰고 있다. 또한 직장인과 학생에 한정한 다양한 우대시책을 준비하는 등, 지역경제를 활성화하는 시책을 실시하고 있다. 한편, 디자인뿐만 아니라 지금까지의 활동을 바탕으로 앞으로 BID 구성원이 원하는 것을 설문조사한 결과도 공개하고 있는데, 장소 만들기(Place Making: 46%), 관리(Place Management: 33%), 인허가(Licensing: 21%)의 순서였다. 그 외, 요구가 많은 것으로는 이벤트와 캠페인, 온라인 존재감, 외부발신에 관한 내용을 볼 수 있었다.

다운타운 덴버 파트너십

덴버 다운타운 보고서에서는 BID의 범위뿐만 아니라 다운타운 전체의 기본적인 통계자료의 변화와 BID 활동실적이 인포그래픽으로 알기 쉽게 표현되어 있다. 보고서에서는 ①개발과 투자, ②사무공간 면적 및 기업, ③고용, ④대학과 학생 수, ⑤주민

[그림 1] 노팅햄 BID 5개년 보고서 · 계획서(2015)

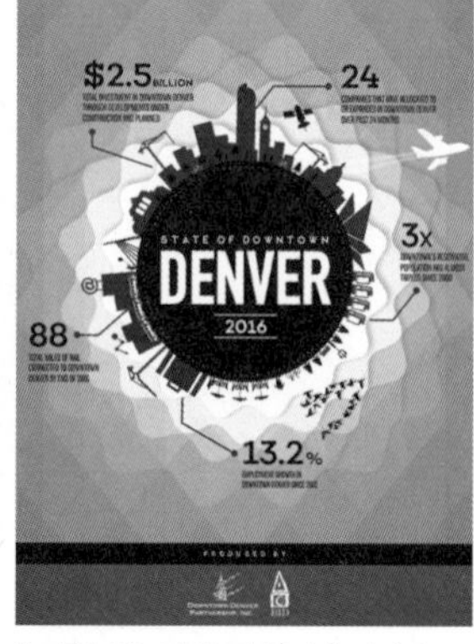

[그림 2] 다운타운 덴버 보고서(2016)

[그림 3] 다운타운 보스턴 BID 5개년 보고서(2016)

수와 주거, ⑥인구변동, ⑦소매업과 레스토랑, ⑧모빌리티, ⑨공공공간과 활동, ⑩관광과 명소 등이 설정되어 있다. 특히 BID에 관련된 항목으로는 ⑨의 공공공간의 이용 정도를 파악하기 위한 공공공간마다 연간 얼마나 가동되었는지, 이벤트 참가인원 수, 주요 이벤트명 등을 볼 수 있다.

다운타운 보스턴 BID

다운타운 보스턴 BID는 5년간의 활동 보고서에서 매년 성과와 실적을 시간순으로 표시하고 있다. 주요 항목으로는 ①지역 미화, ②환영 활동, ③청소, ④다운타운 내의 집합주택 입지, ⑤보스턴의 시장 동향으로서 평가자산액과 임대료, 공실률의 변화, ⑥첨단기술산업의 입지 수를 포함하고 있다.

예를 들어, BID 활동의 성과 중, ①지역 미화에 대해서는 화단의 수, 거는 바구니, 화환 등의 설치활동 수를 세고 있다. ⑥첨단기술산업의 입지에 대해서는 BID가 다운타운의 목표로 삼고 있는 첨단기술산업 유치활동을 후원하므로 공공과 민간의 연계로 세계 수준의 금융도시가 되기 위해 다운타운의 환경을 정비하고, 사업하기 쉬운 환경을 만들어 더 많은 투자를 유치하는 좋은 사이클을 만들어내고 있다.

[그림 4] 노팅햄 BID의 5개년 보고서 · 계획서(2015)

구체적이고 알기 쉬운 연차 보고서

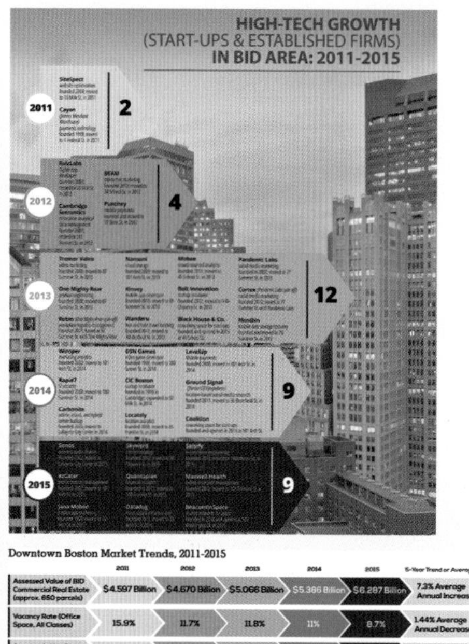

Downtown Boston Market Trends, 2011-2015

	2011	2012	2013	2014	2015	5-Year Trend or Average
Assessed Value of BID Commercial Real Estate (approx. 650 parcels)	$4.597 Billion	$4.670 Billion	$5.066 Billion	$5.366 Billion	$6.287 Billion	7.3% Average Annual Increase
Vacancy Rate (Office Space, All Classes)	15.9%	11.7%	11.8%	11%	8.7%	1.44% Average Annual Decrease
Average Asking Rent (Office Space, Per Sq. Ft., All Classes)	$44.48	$45.41	$48.26	$52.09	$56.02	5.18% Average Annual Increase
Average Occupancy Rate For Downtown Area Hotel Rooms	79.5%	79.5%	81.8%	83.1%	83.48%	81.48%

SOURCES: City of Boston Assessing Department; JLL Office Statistics: Downtown Boston, Q4 2011-15; Boston Redevelopment Authority "Hotels In Boston Powerpoint," 9.23.14; Pinnacle Advisory Group.

▲ 다운타운 보스턴 BID 5개년 활동 보고서(2016)

MOBILITY

Multimodal transportation options – including rail, bus, bike lanes, and shared transportation services – converge in Downtown Denver to provide seamless and convenient access for commuters, residents, and visitors alike.

- Commuting habits for Downtown Denver employees change with age. Younger commuters travel shorter distances and are more likely to walk and bike to work. Transit use increases with age and driving alone peaks when commuters are in their 30s and 40s, especially for women.
- Males and females have different commuting habits. Male commuters are significantly more likely to bike to work, more likely to walk to work, and less likely to drive alone than female commuters.
- In 2016, Denver's Regional Transportation District (RTD) will double the miles of rail in their system with the opening of four new rail lines, including the University of Colorado A Line which provides quick and easy access from Downtown Denver to Denver International Airport.

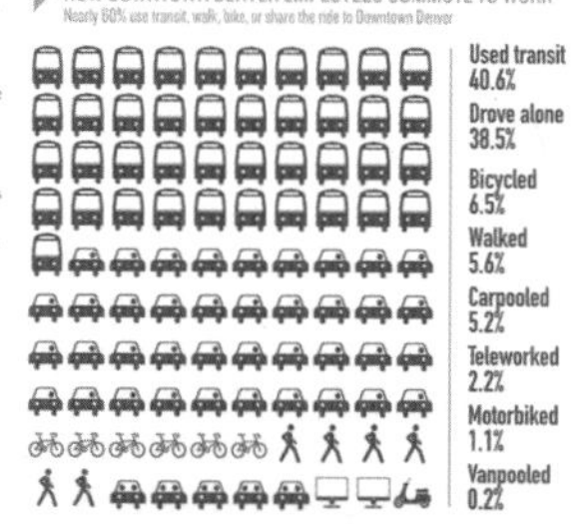

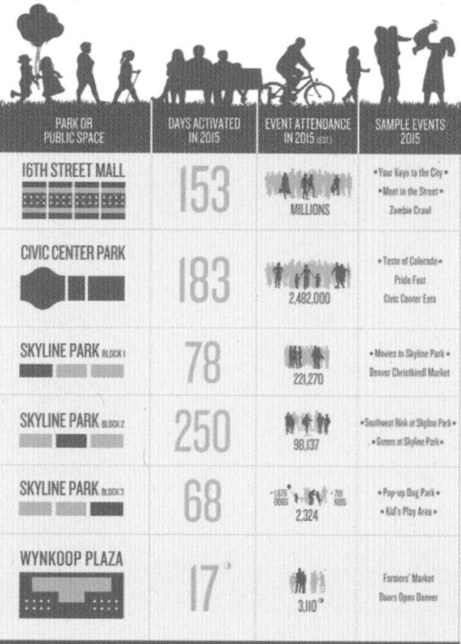

PRODUCED BY THE DOWNTOWN DENVER PARTNERSHIP | DOWNTOWNDENVER.COM

▲ 다운타운 덴버 파트너십 발행의 연차 보고서(2016)

제 4 장

활동공간과 지역 매니지먼트 단체의 실제

앞서 살펴봤듯이, 현재 전국 각지에서 평상시와 비상시 관계없이 지역의 가치를 유지하거나 높이려는 활동으로서 사람들의 생활에 밀착한 지역 매니지먼트 활동이 다양하게 이루어지게 되었다.

한편, 그러한 활동이 이루어지는 공간에 주목하면 지역에 잠자고 있는 충분히 활용되지 않은 공간들이 많아 보인다. 대표적인 예가 공개공지(여러 도시개발제도에 의해 설치되어 일반인에게 무료로 개방된 사유지)를 비롯한 도로, 하천, 공원 등의 공간(이후, 공공공간)이다.

2000년 무렵까지는 지역 매니지먼트 활동 공간 중, 일부 공개공지에 한정해서 소규모 이벤트를 개최하거나 오픈 카페를 열었다. 그러다가 2003년에 도쿄도에 의한 공개공지 활용을 지원하는 제도 '도쿄의 세련된 가로경관 만들기 추진조례東京のしゃれた街並みづくり推進条例'가 제정되면서 지금까지 잠자고 있던 공간이 조금씩 활용되기 시작하였다.

더욱이, 지역 매니지먼트 활동이 주목받기 시작한 약 10년 전부터 활용 요구의 변화를 배경으로 관련 제도가 검토되어 지금까지 본래의 기능만을 담당해 오던 공공공간에도 서서히 지역 매니지먼트 활동이 이루어지게 되었다.

지역 매니지먼트 활동으로서 도로 활용의 시초라고 할 수 있는 것이 대규모 조명장식 이벤트인 'Tokyo Millenario(마루노우치 나카 거리, 1999-2005년)'와, '니혼오도오리(요코하마시 나카구)의 오픈 카페(2005년 이후 실시 중)'지만, 지금은 대도시뿐만 아니라 도요타시豊田市와 후쿠이시福井市 등, 중소도시의 중심시가지에 있는 공공공간 등도 오픈 카페와 마켓 이벤트 등에 적극적으로 활용되고 있다.

공간 활용과 더불어 행정절차와 운영체제(인원, 노하우)에 대해서는

아크 카라얀 광장(제공: 모리 빌딩)

일부 과제가 있지만, 앞에서 말한 것처럼 지역 매니지먼트 단체가 활용할 수 있는 공간은 이전과 비교해 보면 눈에 띄게 확대되고 있다.

앞으로는 지역 매니지먼트 단체가 공간의 질을 높일 뿐만 아니라 어떠한 방법으로 공간을 활용하여, 필요에 따라서는 행정과 연계해서 공간을 정비하고, 더 나아가 거기서 얻는 수입을 운영자금으로 어떻게 연결할지가 크게 요구되는 시대가 되었다.

이번 장에서는 앞의 인식을 바탕으로 공간을 얼마나 적극적으로 활용하고 있는가의 시점으로 활동 공간과 공간의 활용 주체인 지역 매니지먼트 단체가 맡은 역할 등을 소개한다.

'4-1 어떤 공간에서 활동하고 있는가'에서는 지역 매니지먼트 단체의 활동무대라고 할 수 있는 공공공간 등이 운영자금 확보와 지역의 총체적인 활기 창출, 지역가치의 유지 또는 향상에 꼭 필요하다는 것을 이야기한다. 나아가, 공간이라는 관점으로 지역 매니지먼트를 파악하고 그 활동에 이용할 공간을 분류하여 주요 공간마다 관련된 제도를 포함한 최근의 상황을 소개한다.

'4-2 지역 매니지먼트 단체의 역할'에서는 공공공간 등을 활용한 이벤트에는 다양한 관계자가 관련되어 있는데, 그중에서도 주요 관계자와 그 역할에 관해서 이야기한다. 지역 매니지먼트 단체의 역할은 크게 두 가지다. 한 가지는 공간 활용의 '중개자와 코디네이터'라는 역할, 또 한 가지는 행정의 보완적 기능을 담당하는 '공적인 입장'으로서의 역할이다. 이 두 가지 역할에 대해서 'We Love 텐진 협의회'와 '마을만들기 후쿠이 주식회사'의 사례를 소개한다.

4-1

어떤 공간에서 활동하고 있는가

덴노지 공원 입구 지역(덴시바)

민관협력을 통한 공간 정비와 활용의 추진

현재, 지역 매니지먼트 단체에 의해 공공공간을 시작으로 다양한 공간들을 활용한 많은 이벤트 활동과 수익 활동(오픈 카페, 광고 등)이 전국에서 이루어지고 있다. 지역 매니지먼트 단체의 활동무대라고 할 수 있는 이러한 공간들은 운영자금 확보, 지역의 총체적인 활기 만들기, 지역가치 유지와 향상에 빼놓을 수 없는 것들이다.

이러한 공간 활용을 지원하는 정부의 제도로 도시재생 추진에 관한 기본방침을 정한 '도시재생특별조치법' 개정을 통해 도로점용특례가 2011년에 마련되었다. 이를 계기로 지역 매니지먼트의 일환으로 보도와 차도를 활용한 사회실험도 전국 각지에서 많이 실시되었다.

오오테마치 · 마루노우치 · 유라쿠초 지구 등 대도시의 일부 지역에서는 수년의 사회실험을 통해 공간을 본격적으로 운영하는 곳도 있다. 하지만 공간 활용상의 과제로 인허가 등의 행정절차가 각 방면에서 지적되고 있어, 보도와 차도 등의 공공공간 활용방법의 정립은 아직 발전 중이라고 할 수 있다.

앞으로 지역 매니지먼트 활동을 활발히 추진하기 위해서는 사회의 필요와 정세 변화에 맞춰 민간 사업자의 공간 활용을 위한 행정의 유연한 대응이 요구된다. 또한, 가이드라인과 공간정비계획을 수립하여 행정과 민간이 연계하는 지역 매니지먼트 활동을 위한 공간을 만들어 그것을 활용하는 방법 구축이 중요하다. 또한, 뒤에서 다루는 일본 사례는 지역 매니지먼트 단체가 공간을 더욱 원활하게 활용할 수 있게 하는 관계자 간의 협의 · 조정 시스템을 구축하는 것에 도움이 되기 위해 선행 사례가 많은 대도시를 중심으로 한다.

공간 분류

현재 지역 매니지먼트 활동에 이용되고 있는 공간은 다양하다. 그 공간들을 '실외'와 '실내', '공유'와 '사유'로 분류하면 다음과 같이 정리할 수 있다.

'실외'에는 공유공간의 도로(지하도, 아케이드 등), 공원(광장, 녹지), 하천 · 항만구역(하천 · 강변, 관리용 통로 등 사유지 이외의 것), 그 외 공유지(광장 등)가 있고, 사유공간에 있는 공개공지(보도형 공지, 광장형 공지 등), 그 외 사유지(사유도, 광장, 통로, 시민 녹지, 공중데크 중 도로 이외의 것)를 들 수 있다(그림 1).

'실내'에는 공공시설(공립 미술관, 도서관, 학교, 홀 등), 공개공지(아트리움), 개인소유의 빈집, 주택, 점포, 사무실 등이 있다.

이러한 공간은 지금까지 단독으로 이용하는 경우가 많았지만, 최근에는 오오테마치 · 마루노우치 · 유라쿠초 지구처럼, 지역 매니지먼트 단체가 지역 전체의 가치를 높이기 위해 지역 내 여러 종류의 공간들을 조합하여 이용하는 경우도 있다. 예를 들면, 도로와 주변 공개공지(보도형 공지와 아트리움 등)를 묶어 함께 활용하는 예도 나타나고 있다.

공간의 정의는 앞서 말한 것과 다르지만 '전국 지역 매니지먼트 네트워크'가 네트워크 회원인 지역 매니지먼트 단체(대상단체 수 33단체, 유효 회답 수 30단체)에 실시한 조사(2016년 8월 실시)에 따

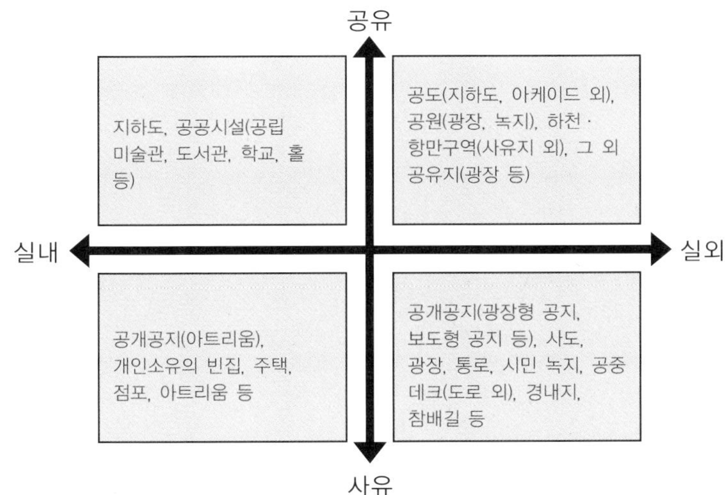

[그림 1] 공간 분류도

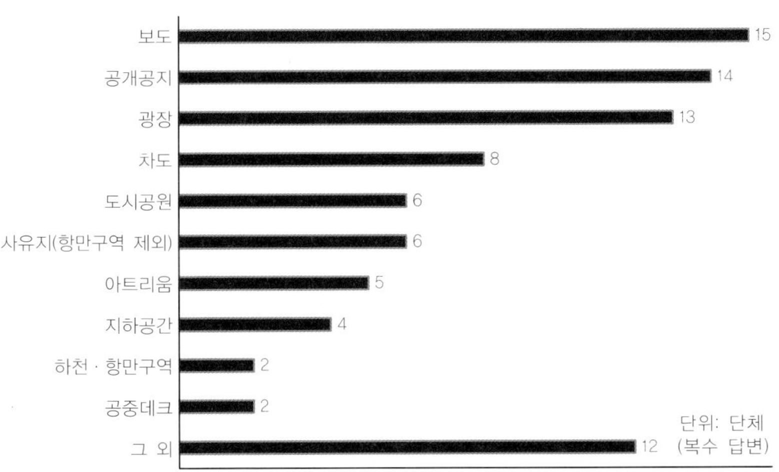

[그림 2] 지역 매니지먼트 단체에 의한 이벤트(다른 단체와의 연계 이벤트를 포함)의 대상 공간

주) 어느 단체가 다른 이벤트에서 같은 종류의 공간을 활용하고 있는 경우는 '1'로 판단('전국 지역 매니지먼트 네트워크' 회원 설문조사 결과(2016년 8월 실시, 대상단체 수 33단체, 유효 회답 수 30단체)를 바탕으로 작성)

르면, 자신들의 이벤트 활동장소로 40% 이상을 이용하고 있는 공간(복수 답변)은 '보도'와 '광장', 그리고 '공개공지'였다(그림 2). 이와 비교하면 '차도', '도시공원', '하천 · 항만구역' 등은 많이 활용되고 있지 않았다.

더욱이 활용공간의 종류 수는 한 단체당 평균 2.9개이고, 앞서 말한 위의 세 공간을 중심으로 다양한 종류의 공간을 활용하고 있는 모습을 엿볼 수 있다.

다음은 지역 매니지먼트 단체가 이용하고 있는 주요 공간으로 '도로공간', '하천공간', '공원', '공개공지', '빈집'에 주목하여 기존 제도와의 관계와 구체적인 사례를 소개한다.

활동공간의 실제

도로공간

보도와 차도 등의 도로공간은 지금까지 '도로법'(1952년)과 '도로교통법'(1960년)에 적정한 도로 관리와 양호한 시가지환경 확보의 관점에서 원칙적으로 일반교통 이외에는 이용이 제한되어 고가도로 밑의 주차장 이용 등 공공성이 높은 한정적인 이용만 가능하였다.

하지만 근래 도로공간의 활용 요구가 높아지고 어려운 재정사정으로 민간자금 활용의 확대를 배경으로 2011년 이후는 도로공간 점용에 관한 특례제도가 지속적으로 제정되어 도로공간의 재편이 이루어지고 있다.

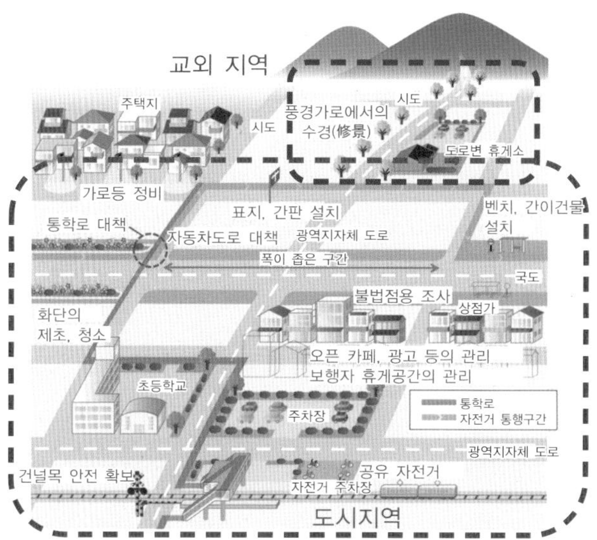

[그림 3] 도로공간의 활용 이미지(출처: 국토교통성 사회자본정비심의회 · 도로분과회 · 기본정책부회, 제53회 기본정책부회(2015년 12월 14일) 배부자료4)

2011년의 '도시재생특별조치법'의 개정('도로법'의 개정)과 2014년의 '국가전략특별구역법'의 시행에 맞춰 '도로점용허가 특례'가 제정되었으며, 이 제도를 활용해서 민간이 보도 위에 오픈 카페를 열거나 노상에서 대규모 이벤트를 개최하는 사례가 늘어나고 있다(그림 3). 또한, 실외공간 외에도 치요다千代田구의 교코 거리行幸通り 지하도를 마르셰로 활용하는 예도 있다. 지하공간은 날씨의 영향이 적기 때문에 앞으로 활용이 기대된다.

하천공간

도로공간처럼 하천공간도 '하천법'(1947년)에 의해 1990년대 후반까지 이수 · 치수 등 하천 본래의 목적 이외의 이용은 엄격하게 제한되었다. 하지만 1990년대 이후의 하천환경 악화 등을 배경으

도로공간의 활용

1

1 신토라 거리를 활용한 '도쿄 신토라 축제'(제공: 모리 빌딩 주식회사)

2 교코 거리를 활용한 '도쿄 미치 테라스 2017'(제공: 도쿄 미치 테라스 2017 실행위원회)

2

다양한 활동 활용

1

2

3

1 하천구역을 활용한 오픈 카페(히로시마시 교바시가와)(제공: 미즈노미야코 히로시마 추진협의회)
2 하천구역을 활용한 카페 테라스(오사카시 '기타하마 테라스')
3 공원을 활용한 마켓 이벤트(도요타시 사쿠라조시 공원 'STREET & PARK MARKET')(제공: 일반사단법인 TCCM)
4 공개공지를 활용한 요가 이벤트(도라노몬 힐즈 공개공지 '오바르 광장')(제공: 모리 빌딩 주식회사)
5 빈집(오래된 창고와 민가)을 리노베이션한 복합시설(도요타시 'MAMATOCO')(제공: 도요타 마을만들기 주식회사)

5

4

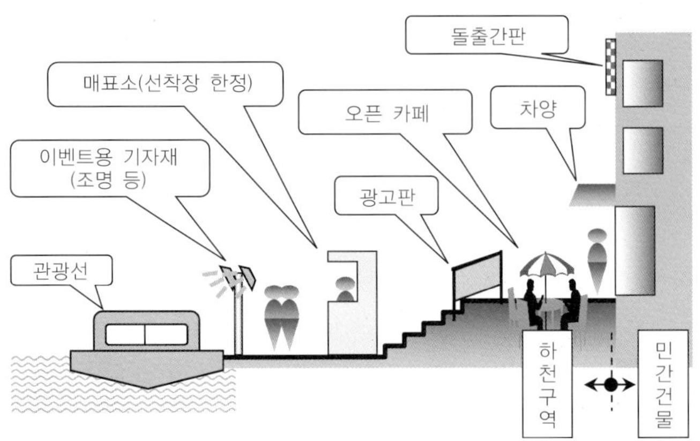

[그림 4] 하천공간 이용 이미지(출처: 국토교통성 수(水)관리 · 국토보전국 수정과(水政課) 자료 '하천부지 점용허가준칙의 일부 개정에 대해서'(2016년 6월)

로 1997년에 하천환경 정비와 보전을 목적으로 한 '하천법' 개정이 이루어져 레저로서의 활용도 인정받게 되었다. 그 후, 하천공간은 점용을 위한 기준 '하천부지 점용허가 준칙'(1999년)과 도시와 지역 재생을 위해 하천공간을 더욱 활용해야 한다는 방침(2002년)이 수립되어, 2004년에 허가기준이 일부 개정되었다. 이 영향으로 이듬해에 사회실험으로 민간 사업자가 하천구역 안에 오픈 카페와 테라스를 설치하였다. 이후에도 허가기준이 개정되어 현재는 민간 사업자에 의한 하천공간 점용이 인정되고 있으며 점용기간은 3년에서 10년으로 연장되었다(그림 4).

하천공간을 활용한 선구적인 사례로는 '기타하마 테라스'(오사카시)와 '교바시가와 오픈 카페'(히로시마시)가 있으며, 현재는 물 위에서의 이벤트도 실시되고 있다.

공원

'도시공원법'(1956년 제정)을 근거로 정비된 공원은 지금까지 녹지와 오픈 스페이스 확보를 담당해 왔다. 또, 사회의 성숙화, 시민의 가치관 다양화를 배경으로 일부 공원에서는 도시공원의 기능 증진을 목적으로 민간이 공원시설(매점 · 음식점 등의 편익시설을 포함)을 설치하거나 마르셰와 맥주 축제 등의 이벤트에 활용됐다.

그리고 최근 민간의 공원 활용에 대한 관심이 높아져 '도시공원법'이 개정되어 공원에 자전거 주차시설과 관광안내소의 설치가 가능하게 되었다(2016년 개정). 또 민간 사업자가 공공환원형 수익시설(카페, 레스토랑 등)을 설치 및 관리할 수 있는 제도가 마련되었으며, 이와 더불어 보육시설도 설치할 수 있게 되었다(2017년 개정). 이 제도는 민간 사업자로부터 설치관리자를 공모, 선정하는 방식으로 설치관리 허가기간은 10년에서 20년으로 연장되었다.

이 제도가 창설되기 전에 민간의 자금 · 노하우를 활용하여 진행되었던 PFI Private Finance Initiative 사례로 '덴노지 공원'이 있다. 오사카시는 공원 입구 지역(약 2만 5000㎡)의 재정비와 매력 향상을 효율적이면서 효과적으로 추진하기 위해 지역 재정비와 관리운영을 부담할 사업자를 공모하여 선정된 사업자(긴테츠 부동산)가 '덴시바'라는 애칭으로 카페, 레스토랑, 어린이놀이터, 풋살 코트, 애견운동장, 편의점, 주차장 등의 수익시설과 잔디광장(약 7000㎡), 공원길 등을 사업자 부담으로 정비하였다. 2015년 10월부터 20년간의 계약(협정체결)으로 공원을 관리운영하고 있다.

공개공지

'종합설계제도'(1971년 제정) 등의 도시개발제도를 활용하여 조성된 일반시민에게 무료 개방되는 사유지(보도형 공지와 아트리움 등)가 공개공지다. 공개공지는 설치하는 대신 개발자에게 용적률을 완화해 주기 때문에 1980년대부터 2000년대에 걸쳐 대규모 개발이 계획된 대도시 중심부에서 많이 조성되었다. 이를 통해 대도시에 공개공지가 늘었지만, 사용편의성이나 기분 좋은 공간 조성 등 공간의 질적인 부분은 많이 부족했다.

그 후, 공공공간의 효과적인 활용이 강조되기 시작하자 지역 매니지먼트 단체로부터 사유지의 활용 요구가 높아져 공개공지의 활용을 지원하는 제도가 생겨났다. 그중 하나가 2003년에 도쿄도가 제정한 '도쿄의 세련된 가로경관 만들기 추진조례'에 포함된 '마을 만들기 단체 등록제도'다. 자세한 것은 나중에 다루지만, 공개공지에서의 지역 활기를 높이는 이벤트 활동을 인정하여 활동기간과 행정절차 일부를 완화하는 제도다. 2018년 3월 말 현재까지 62개 단체가 등록되어 있어(도쿄도 도시정비국 홈페이지), 각지의 광장형 공지와 아트리움을 활용하여 음악, 음식, 예술 분야의 이벤트가 실시되고 있다.

빈집 등

저출산과 독거노인의 증가, 지역의 매력 저하와 더불어 젊은 세대의 이탈로 최근 지방도시를 중심으로 늘어나고 있는 것이 빈집이다. 무너질 것 같은 위험한 상태인 빈집이나 가게를 그만둔 소유자가 1층을 방치하고 있는 빈집 등 상황은 다양하다. 이러한 문제를 해결하기 위해 '빈집대책추진에 관한 특별조치법'이 2015년 5월에 시행되었다. 이 법으로 빈집재생에 어느 정도 성과가 보이고 있으며, 사업자가 비용을 아끼면서 노력해 지역 단위로 리노베이션을 하는 등 활기를 창출하는 새로운 움직임도 있다.

예를 들면 도요타시(인구 42만 명, 2018년 4월 초 현재)는 중심시가지에서 늘어나고 있는 빈 점포를 포함한 마을재생을 목적으로 '도요타시 중심시가지 활성화협의회'가 리노베이션을 추진하고 있다. 그중 하나가 메이테츠도요타시역 가까이에 있는 '콘텐츠 니시마치CONTENTS nishimachi'다. 지역에서 과자가게로 친근했던 곳으로 10년간 빈집상태였던 목조 2층 건물을 리노베이션하여 2016년에 멋진 복합시설(1층 카페와 베이커리, 2층은 지역 록밴드의 음악활동거점)로 변신하였다. 또 '도요타 마을만들기 주식회사'가 공원에 인접한 100년 된 창고와 민가를 리노베이션하여 육아세대가 교류할 수 있도록 한 카페 및 점포, 커뮤니티 시설이 복합된 'MAMATOCO'(2015년)는 지역의 인기 시설로 활기가 넘친다. 종래의 마스터플랜형 도시만들기에 한계를 느껴 개별 리노베이션을 통해 점에서 면으로 지역 전체를 연결하는 지역 네트워크형의 도시만들기 방식이 지방도시에도 침투하고 있다.

4-2

지역 매니지먼트 단체의 역할

도쿄 신토라 축제(제공: 모리 빌딩 주식회사)

공간 활용에 관여하는 지역 매니지먼트 단체와 행정의 역할

도로를 활용하여 오픈 카페를 설치하거나 이벤트를 개최할 때는 아래 그림과 같이, ①공간 활용 주체인 지역 매니지먼트 단체, ②행정, ③민간 협력자, ④주최자 등 다양한 주체가 관여하고 있다. 이 중에서도 중심적인 역할을 하는 것이 ①의 지역 매니지먼트 단체다(그림 5). 공간 활용의 준비단계에서 행정(②)과 주최자(④) 사이에 서서 절차를 진행하는 중개자로서 역할과 도로 등의 점용을 신청하는 공적 단체로서의 역할이 요구된다.

소규모 지역 매니지먼트 단체는 중개자가 아니라 주최자가 되어 스스로 이벤트를 개최하는 예도 있다([그림 5]의 ①=④의 경우).

오픈 카페 설치와 이벤트 개최를 위해서 각 주체가 잘 연계, 협력하면 계획대로 진행할 수 있지만, 각각의 입장과 사정이 달라지는 상황이 되면 일정과 내용이 변경 또는 중지된다. 그러한 절차

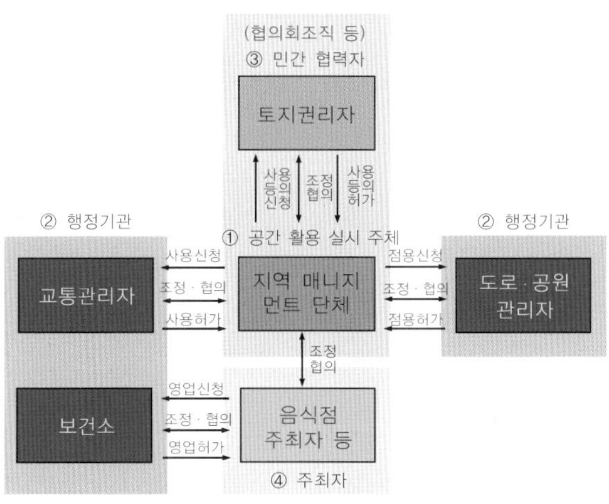

[그림 5] 공간 활용 중개자로서의 지역 매니지먼트 단체의 역할(이미지)

상의 과제와 전망은 관련된 법제도와 함께 5장에서 자세하게 다루도록 하고, 이번 장에서는 지역 매니지먼트 단체를 중심으로 그 특징과 역할에 관해서 설명하도록 하겠다.

지역 매니지먼트 단체의 특징과 역할

공간 활용에 관여하는 주체로서 중요한 역할을 담당하는 것이 지역 매니지먼트 단체다. 지역 매니지먼트 단체의 특징으로 다양한 조직형태를 들 수 있다. 임의단체에서 주식회사, 일반사단법인, NPO 법인까지 여러 형태가 존재한다. '전국 지역 매니지먼트 네트워크'의 회원을 대상으로 한 설문조사 결과에 의하면 가장 많은 형태는 임의조직(43%)이고, 일반사단법인(23%), 주식회사(20%)로 이어진다(그림 6).

일본에서는 지역 매니지먼트 단체의 활동내용에 따라 필요로 하는 조직형태가 다르다. 일반적으로 처음에는 임의조직으로서 마을만들기 협의회 형식으로 시작하여 법인조직으로 이행하는 사례가 많지만 일정 기간이 지난 후 협의회를 남기고 병렬적으로 법인조직을 만드는 중층구조의 사례도 보인다. 지역 매니지먼트 활동을 진행해 가면 법인자격을 가진 조직이 아니면 감당할 수 없는 상황이 발생하기 때문에 목적에 따라 별도로 법인을 설립하거나 기존의 일반사단법인과 주식회사로 법인화하고 있다.

그 외, 지역 매니지먼트 단체가 공간을 활용할 때 이용할 수 있는 법인제도가 있다. 예를 들면, '도시재생특별조치법'에 근거한 '도시재생 추진법인제도(149쪽 참조)'와 '지역재생법'에 근거한 '지역재생 추진법인제도', '도쿄의 세련된 가로경관 만들기 추진조례'

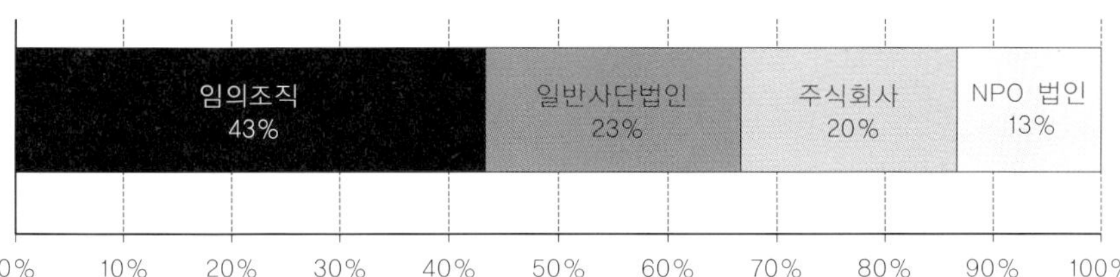

[그림 6] 지역 매니지먼트 단체의 조직형태('전국 지역 매니지먼트 단체 네트워크' 회원 설문조사 결과(2016년 8월 실시, 대상단체 수 33단체, 유효 답변 수 30단체)를 바탕으로 작성)

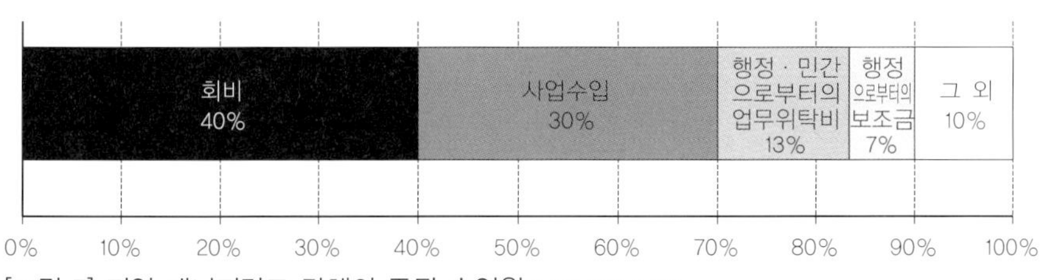

[그림 7] 지역 매니지먼트 단체의 주된 수입원([그림 6]과 동일)

에 의한 '마을만들기 단체 등록제도(도쿄도)' 등이 있다. 위 조례에 근거한 등록단체는 행정을 보완하는 시책추진 주체로서 일정 우대조치를 받을 수 있다.

또한, 지역 매니지먼트 단체의 주된 수입원으로 '회비'가 가장 많은 40%를 차지하고, 다음으로 공간을 활용한 수입을 포함한 '사업수입'이 30%를 차지한다(그림 7). 한편, 단체형태에 대해서는 인정認定받기 어려운 공익사단법인과 인정 NPO 법인이 아닌 이상 세제상의 우대조치는 없어 각 단체는 운영자금 확보에 고심하고 있는 것이 현실이다.

지역 매니지먼트 단체는 공간 활용의 중심적인 역할을 담당하고 있어 스스로 이벤트를 개최할 때에는 기획부터 공정 관리 및 행정절차의 준비단계, 이벤트 개최 시의 현장 지휘, 긴급대응까지 모든 일에 관여하고, 다른 단체가 이벤트를 주최할 때에는 행정과의 조정창구가 되는 등, 코디네이터로서 해야 할 역할도 담당한다.

행정 등에 기대하는 역할

공공공간의 활용에 있어서 행정의 역할은 관리자로서 지역 매니지먼트 단체의 신청에 근거한 협의를 진행하여 공간 본래의 이용목적을 바탕으로 지역 매니지먼트 단체가 그 목적을 저해하지 않는 범위에서 활력 창출 등의 활동이 가능하도록 허가하는 것이다. 앞서 말했듯이 공공공간은 최근 10년간 각종 허가기준의 완화와 특례에 의해 이전보다 활용하기 쉬워졌다.

한편, 신청자인 지역 매니지먼트 단체로부터 많이 듣는 이야기로는 행정담당자가 바뀌면 대응이 달라진다는 점과 허가가 나기까지 시간이 걸린다는 점이 있고, 또 여러 절차를 담당하는 창구의 일원화를 바라는 의견도 있다. 이러한 의견에 대해서 오사카시는 행정조직 내부에 지역 매니지먼트 단체 지원담당 창구를 설치하였고, 공공과 민간이 함께 지역 매니지먼트를 추진하는 플랫폼 '오사카 지역 매니지먼트 활성화회의'도 설치하였다(219-221쪽 참조). 또는 후쿠이시처럼 중심시가지 공공공간 활용 검토회와 협의회에 민간 사업자뿐만 아니라 행정 등(경찰, 보건소를 포함)도 포함해 조정과 협의를 진행하는 등(153-155쪽 참조)의 매끄러운 절차를 촉진하는 사례도 나오고 있어 앞으로의 발전이 기대된다.

코디네이터 역할을 담당하는 지역 매니지먼트 단체:

We Love 덴진 협의회를 사례로

[그림 8] We Love 덴진 협의회의 활동지역(We Love 덴진 협의회 '덴진 마을만들기 가이드라인(2008년 4월)'을 바탕으로 작성)

'We Love 덴진 협의회'(이하, 덴진 협의회)는 후쿠오카시(인구 153만 명, 2018년 3월 말 현재)를 대표하는 업무 · 상업중심지(덴진1, 2초메)(그림 8)에서 이벤트 등의 지역 매니지먼트 활동을 하는 임의단체다. 덴진 협의회는 지역의 상점회조직, 행정(후쿠오카시), 민간기업, 대학을 구성원으로 2006년에 설립되었다. 해당 지역에서는 기존 상점회조직이 덴진 협의회 발족 이전부터 행정과 연계한 이벤트를 개최해 왔기 때문에 회비를 내는 습관이 있어 덴진 협의회 회비 시스템도 이것을 기초로 만들어졌다.

덴진 협의회는 2008년에 지역 관계자가 공유할 수 있는 '장래의 목표상'과 그 실현을 위한 전략, 구체적인 활동인 시책으로 구성되는 '덴진 마을만들기 가이드라인'을 수립하였다. 전략 중 하나인 '어른의 시선 행동전략'은 자원봉사자와 지역 내 기존 조직, 행정, 경찰, 소방서와의 연계를 돈독히 하여 위험행위와 불쾌한 행위에 대해 '덴진 규정'을 설정하는 등, 수준 높은 윤리 · 예의를 철저하게 지키는 동시에 청소활동 등의 확대와 방범 · 방재활동을 추진하고 있다. 활동의 중심 조직인 덴진 협의회는 경찰과 행정, 소

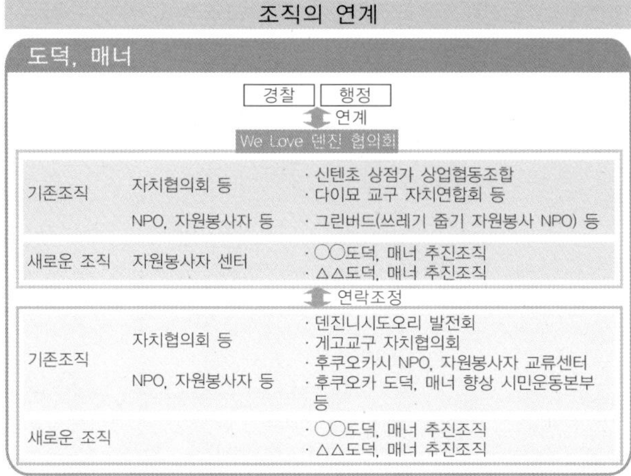

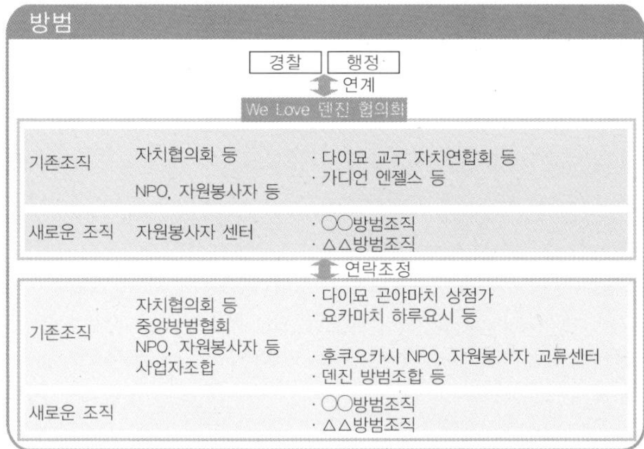

[그림 9] '어른의 시선 행동전략(윤리 · 매너, 방범)'에서의 덴진 협의회의 역할([그림 8]과 동일)

방서와의 연계창구가 됨과 동시에 지역 내의 기존 민간조직의 연락 조정의 창구가 되어 코디네이터로서의 역할을 담당하고 있어(그림 9) 덴진 협의회 발족 전부터 이어져 온 공공과 민간의 연계체제를 잘 활용하고 있다.

후쿠오카시는 '후쿠오카시 지역 마을만들기 추진요강(이하 추진요강)'에 근거하여 마을만들기 활동을 하는 조직을 '지역 마을만들기 협의회(이하 지역마을협의회)'로 등록하여 그 활동을 지원하고 있다. 등록에는 일정 요건을 갖추어야 하지만, 등록을 하면 활동비 조성과 마을만들기 전문가를 파견 받는 이점이 있다.

지역마을협의회는 추진요강에 근거하여 공개공지를 활용한 마을활기와 매력 만들기를 추진하기 위해 공개공지 활용의 목표, 방침, 그 외 필요한 사항 등을 규정한 '공개공지 활용계획(이하 활용계획)'을 작성할 수 있다. 현재 등록된 활용계획은 'We Love 덴진 협의회 공개공지 활용계획'뿐이다. 활용계획이 인정되면 공익성 있는 이벤트는 연간 180일 이내거나 한 이벤트마다 10일 이내라면 물품 판매 및 서비스 제공이 가능하다.

또, 지역마을협의회는 마을의 활기를 창출하고 안전 · 안심의 쾌적하고 매력 있는 마을만들기를 실시하기 위해 활용계획에 기재된 사업의 사업자로부터 사업수익 일부를 마을만들기 협력금으로 받아 자신들의 마을만들기 활동 경비로 충당할 수 있다. 덴진 협의회는 수익의 10%를 징수하는 등(2015년 협력금은 약 180만 엔), 공개공지를 활용한 이벤트의 코디네이터 역할을 담당하고 있다.

지역 매니지먼트 단체의 공적인 입장을 부여하는 제도

공적인 위상을 부여하는 도시재생 추진법인제도

지역 매니지먼트 단체에 공적인 단체로 인정하게 하는 제도 중 하나로 '도시재생 추진법인제도'가 있다. 도시재생추진법인(이하 추진법인)은 '도시재생특별조치법(2002년 제정)'에 근거하여 '도시재생정비계획(지역특성을 바탕으로 마을만들기 목표와 그 목표를 실현하기 위해 실시하는 각종 사업 등을 기재한 계획)'의 구역 내에서 마을만들기를 담당하는 법인으로서 지자체가 지정한다(그림 10). 추진법인은 지자체와 민간 부동산개발업체로는 충분히 할 수 없는 마을만들기 코디네이터로서의 역할이 기대되었지만 2016년 12월 말 시점에 지정을 추진한 법인은 25개에 그쳤다. 앞으로 지정권자인 지자체의 지역 매니지먼트 활동에 대한 이해가 확대되어 장점이 확산될 것으로 기대된다.

추진법인의 주요 이점은 공적 위치가 부여되는 것 이외에, 지자체에 도시재생 정비계획을 제안할 수 있다는 점이다. 또한 뒤에서 설명하는 '도시편의 증진협정'을 체결할 수 있으며, 게다가 각종 융자 · 보조제도 등이 있다. 추진법인이 될 수 있는 조직은 일반사단법인과 일반재단법인(공익을 포함), NPO 법인, 마을만들기 회사다. 또한, 주식회사는 추진법인 지정에 지자체의 3% 출자가

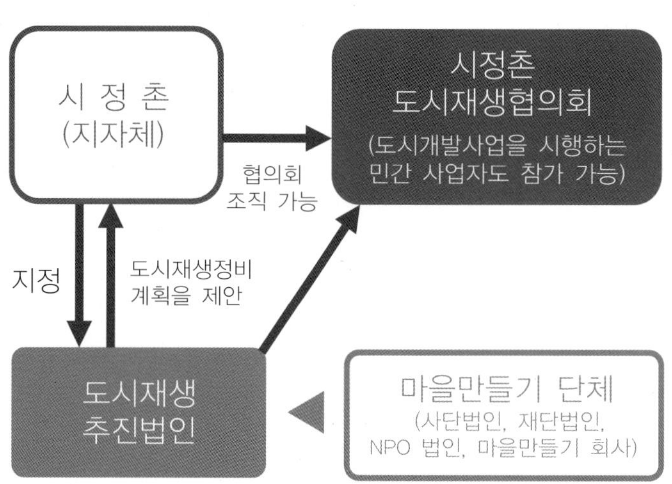

[그림 10] 도시재생 추진법인의 역할(출처: 국토교통성 도시국 마을만들기추진과 관민연계추진실 '관민연계 마을만들기의 추진방법')

요건이었지만 2016년 도시재생특별조치법 개정으로 이 요건은 폐지되었다.

지역 매니지먼트 단체의 재원 확보에도 도움이 되는 도시편의 증진협정

'도시편의 증진협정'은 '도시재생특별조치법'에 근거한 지역 주민과 추진법인이 지역 매니지먼트 활동에 관한 자율적인 규칙을 정하기 위한 협정제도다. 제도의 큰 특징은 도시재생 정비계획구역 내에서 오픈 카페, 벤치, 자전거 주차장, 가로등 등의 '도시 편의 증진시설'의 정비 · 관리를 개별적으로 실시하는 것이 아니라 지역 주민의 발의를 통해 일체적으로 실시하여 지역의 가치를 유지 및 향상하는 것이다(표 1, 그림 11).

〈표 1〉 도시 편의 증진시설의 종류

도시 편의 증진시설	시설 구분
도로, 통로, 주차장, 자전거 주차장 그 외 유사한 시설	교통시설 등
공원, 녹지, 광장 그 외 유사한 시설	공원시설 등
분수, 수로, 연못 그 외 유사한 시설	수계시설 등
식사시설, 구매시설, 휴게시설, 안내시설, 그 외 유사한 시설	활기 창출 시설 등
광고탑, 안내판, 간판, 표식, 깃대, 주차 미터기, 막, 아치, 그 외 유사한 물건	활기 창출 공작물 · 물건 등
아케이드, 울타리, 벤치, 지붕, 그 외 유사한 공작물	도로부속물 등
비축창고, 내진성 정수조, 그 외 유사한 시설	방재시설 등
가로등, 방범카메라, 그 외 유사한 시설	방범공작물 등
태양광 발전설비, 우수이용 저장시설, 그 외 유사한 시설	환경대책시설 · 공작물 등
조각, 화단, 수목, 가로수, 그 외 유사한 것	마을경관 형성 공작물 · 물건 등

(국토교통성 도시국 마을만들기추진과 관민연계추진실 '관민연계 마을만들기의 추진방법'을 바탕으로 작성)

[그림 11] 도시편의 증진협정의 구역과 도시 편의시설 모습(대상지역 그림의 출처: 국토교통성 도시국 마을만들기추진과 관민연계추진실 '도시편의 증진협정 팸플릿')

도시편의 증진협정에 정하는 내용의 예로서 추진법인으로 지정받은 지역 매니지먼트 단체가 도로점용허가의 특례를 적용하여 도로에서 이벤트와 광고사업의 수익사업을 시행할 수 있다. 또한, 그 사업을 통해 얻은 수익을 지역 매니지먼트 활동에 환원할 수 있다. 다만, 도시편의 증진협정은 토지권리자가 바뀔 경우 새로운 권리자와 다시 협정을 맺어야 할 필요가 있다.

도시재생 추진법인 '마을만들기 후쿠이 주식회사'의 도전

'마을만들기 후쿠이 주식회사(이하 후쿠이 주식회사)'는 대형 쇼핑센터의 교외 입지 등의 영향으로 쇠퇴한 후쿠이시(인구 26만 명, 2018년 5월 초 현재 기준) 중심시가지의 재생을 공공과 민간의 연계로 추진하는 조직(후쿠이시가 51%를 출자한 제3섹터)으로서 2000년에 설립되었다. 그 후, 커뮤니티 버스 운행과 자사 빌딩 내의 소규모 홀 운영 등의 사업을 중심으로 활동해 왔다.

후쿠이시의 중심시가지에서는 5년 후의 호쿠리쿠 신칸센 개통을 계기로 새로운 마을만들기의 움직임이 시작되었다. 구체적으로는 JR 후쿠이역 서쪽 출구의 시가지 재개발사업으로 2016년 4월에 오픈한 복합시설 '하피린' 내의 실내광장 '하피 테라스(그림 12)'와 다목적 홀인 '하피린 홀'을 후쿠이시의 지정관리자로 지정

[그림 12] 실내광장 '하피 테라스'에서의 이벤트 풍경(제공: 마을만들기 후쿠이 주식회사)

하여 활기 창출의 목적으로 활용하고 있다. 후쿠이 주식회사의 수입은 이 두 시설의 지정관리료와 보조금을 포함해 2억 7000만 엔에 이른다.

후쿠이 주식회사는 '하피 테라스'에서 집객 이벤트(사외 주최 이벤트도 포함)를 거의 매주 주말에 시행하면서 이벤트 참석자의 회유성을 높이는 시책도 실시하고 있다. 역 서쪽의 백화점 '세이부 백화점'과 '하피린' 두 개 핵심시설을 연결하는 '역 앞 전차거리(활력의 주요 동선)'를 '2핵 1몰'로 구상하여 '하피린'을 기점으로 활력을 면面으로 확대하려는 전략이다. 구체적으로는 후쿠이 주식회사

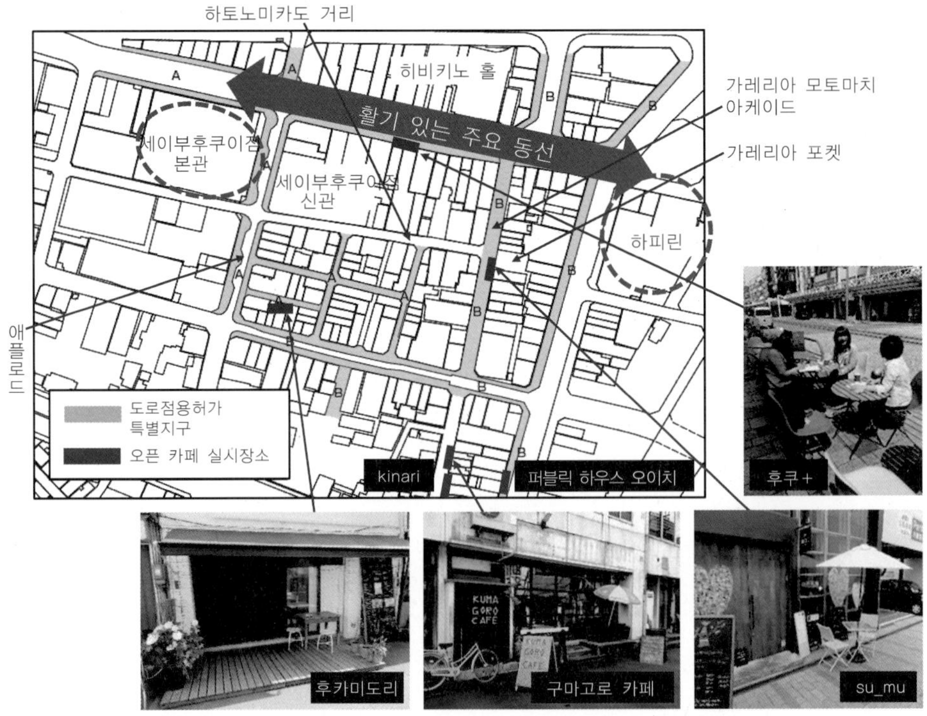

[그림 13] 후쿠이시 중심시가지 재생을 위한 활동(도로 활용을 통한 회유성 향상)(마을만들기 후쿠이 주식회사 자료를 바탕으로 작성)

가 후쿠이시로부터 추진법인으로 지정받아(2013년), 지역 내의 '도로공간 점용허가 특례'를 통해 중심시가지의 도로공간(보도)을 활용한 오픈 카페 사업을 시행하고 있다(그림 13).

더욱이 후쿠이 주식회사와 후쿠이 경찰서, 후쿠이시 감리과, 후쿠이시 도시정비실 등을 구성원으로 하는 검토회가 설치되었다. 2013년 7–10월에 사회실험을 시행하였으며, 2014년부터 본격적으로 가동하고 있다. 공공과 민간의 연계에 의한 검토회를 통해 오픈 카페 사업자는 도로점용허가와 도로사용허가를 도로관리자와 경찰에 개별신청할 필요 없이 '후쿠이 주식회사'가 통괄하여 후쿠이시의 담당 창구에 일괄 신청할 수 있게 되었다.

또한, 후쿠이 주식회사와 후쿠이시는 중심시가지의 후쿠이시가 관리하는 도로('애플 로드', '가레리아 모토마치 아케이드', '하토노 미카도 거리')와 '가레리아 포켓'을 대상지역으로 하여 2018년 4월에 '도시편의 증진협정'을 맺었다. '애플 로드'와 '가레리아 모토마치 아케이드'를 연결함으로써 장래에는 '2핵 1몰'에서 '2핵 2몰'로 회유성을 향상시킬 예정이다.

'전국 지역 매니지먼트 네트워크'의 회원인 후쿠이 주식회사는 설립 이후, 제3섹터 및 지정관리자로 행정을 보완하는 역할을 담당해 왔다. 현재는 역 주변의 재개발 등의 새로운 움직임과 함께 공적인 입장에서 행정과 민간단체와 연계하여 중심시가지 지역 매니지먼트의 리더십을 발휘하고 있어 앞으로의 활동이 많이 기대된다.

제 5 장

공공공간 등 이용 및 활용의 노하우

지역 내에 있는 도로, 공원, 하천, 항만 등의 공공공간 및 공개공지 등의 공적 공간(이하 공공공간과 공적 공간이 함께 있는 경우 공공공간이라고 한다)을 활용하여 지역 매니지먼트 단체가 각종 이벤트와 오픈카페, 광고활동 등을 활발히 실시하고 있다.

그러나 이러한 일련의 활동들이 도로 등의 공공공간에서는 공간 본래의 목적 이외의 사용에 해당되기 때문에 행정에게 점용 · 사용허가를 받아야 한다. 예상보다 긴 절차에 시간이 소요되거나 행사내용의 일부가 허가되지 않는 경우도 있다. 이러한 사태를 사전에 막기 위해서 지역 매니지먼트 단체와 행정이 연계하는 협의체 등을 조직하여 사회실험 등을 착실히 실시하면서 지역의 공간 활용을 위한 수법Tool을 만들어 가는 사례가 나타나고 있다.

이번 장에서는 지역의 '공공공간 등을 이용할 때의 절차와 유의사항'을 서술한 뒤에 '공공공간 등을 활용하기 위한 수법'을 얘기하고자 한다.

5-1 '공공공간 등을 이용할 때의 절차와 유의사항'에서는 공공공간 등을 이용할 때의 제도상의 절차와 관련 비용 등에 대해서, 이용하는 공간 · 장소에 의한 것과 행사 이용에 의한 것, 크게 두 가지로 나누어 설명한다.

다음으로 도로공간의 활용을 중심으로 공공공간을 활용할 때의 일곱 가지 유의사항을 사례를 바탕으로 서술한다.

미나미이케부쿠로 공원 'IKEBUKURO LIVING LOOP 2017'

구체적으로는 '지역활동 내용의 결정', '지역활동의 실시조직', '지역활동에 필요한 허가', '실시기간', '수익활동을 포함한 지역활동을 실시하기 위한 배려사항', '광고료 수입의 활용', '기타 유의사항'에 대해서 서술한다.

마지막으로, 지역 매니지먼트 단체가 실제로 어떠한 부분에서 난관에 부딪히고, 활동하는 데에 어떠한 제도상의 문제가 있는지를 각 단체와의 인터뷰를 바탕으로 정리한다.

공공공간 등을 잘 활용하기 위한 수법은 계속해서 발전하고 있는 상황이다. 각 지역에서의 지역 매니지먼트 단체가 사회실험 등을 통해 수법 구축 등을 위한 활동이 실시되고 있는 실정이다. 향후, 공공공간 등의 활용을 확대하기 위해서는 행정 등의 수속절차를 포함하는 공공과 민간의 연계체제가 중요하다.

이에 5-2 '공공공간 등을 활용하기 위한 수법'에서는 공적 공간(공개공지)을 활용하기 위한 행정의 대응사례로, '도쿄의 세련된 가로경관 만들기 추진조례'를 소개한다. 그다음으로 공공공간을 활용하기 위한 점용허가의 특례제도 등의 규제완화의 변천을 개관한 후에, 사회실험과 지역 매니지먼트 활동을 시민과 지역 매니지먼트 단체와 행정의 입장에서 고찰하여 향후 공공과 민간의 연계체제 방향을 검토한다.

5-1

공공공간 등을 이용할 때의 절차와 유의사항

마루노우치 나카 거리 어번 테라스

이번 절에서는 공공공간 등을 이용할 때 제도상의 절차와 관련 비용 등에 대해서, 이용하는 공간 · 장소에 의한 것과 행사내용에 의한 것으로 나누어서 설명한다.

다음으로, 도로공간의 이용을 중심으로 공공공간을 이용할 때 일곱 가지 유의사항을 살펴본다. 마지막으로, 지역 매니지먼트 단체가 실제로 어떠한 점에서 어려움을 겪고 있고, 활동하는 데에서 제도상 어떤 문제가 있는지를 각 단체와의 인터뷰를 바탕으로 살펴본다.

공공공간 등을 이용할 때의 수속절차와 이용료

지역 내에 있는 다양한 공간을 지역 매니지먼트 단체가 사용할 때 그 절차와 이용료 등은 어떠한지를 살펴본다. 대략적으로 얘기하면, 절차에는 도로, 공원, 하천, 항만 등을 이용하는 공간 및 장소(공적 물리공간의 관리)의 관계 기관에 허가를 신청하는 경우와 소방신고, 음식과 옥외광고물, 집회의 신고 등, 행사 내용의 필요에 따라 신고하거나 허가를 신청하는 경우가 존재한다.

공적 물리공간 등의 허가신청

1. 도로

도로(도로법상의 도로와 교통광장, 보행데크, 아케이드 상점가, 지하도 등을 포함하는 경우가 있다)를 활용한 지역 매니지먼트 활동을 실시하는 데에는 도로관리자의 도로점용허가와 교통관리자인 관할 경찰의 도로사용허가가 필요하다.

도로점용허가와 도로점용료 도로에 물건을 설치하고 계속해서 도로를 사용할 경우에는 도로법에 근거하여 도로관리자의 도로점용허가가 필요하게 된다. 허가를 받으면 점용료가 발생한다. 도로(국도, 도도부현도, 시정촌도 등)에 따라 금액이 정해진다.

도로사용허가와 신청수수료 도로를 사용하는 경우에는 도로교통법에 근거하여 교통관리자인 관할 경찰서장의 허가가 필요하게 된다. 신청 시에 수수료가 요구된다.

도로예정지의 점용허가 단, 도로예정지에 대해서도 도로법에 의해 준용된 도로의 점용허가 규정에 근거한 도로점용허가가 필요하고 허가가 나면 도로와 같은 점용료가 발생한다.

2. 공원: 도시공원의 점용허가와 도시공원의 점용료

도시공원법에 의해 공원관리자가 아닌 자가 시설을 설치하거나 이벤트를 개최할 때는 공원관리자의 허가를 받아야 한다. 점용허가를 받으면 점용료가 발생한다.

3. 하천: 강가 및 하천구역 토지의 점용허가와 점용료

하천법에 의해 하천 주변 구역을 점용하고자 하는 자, 하천구역 내의 토지(하천관리자 이외의 자가 그 권한에 근거하여 관리하는 토지는 제외한다)를 점용하고자 하는 자, 또는 공작물을 신축·개축하거나 제거하고자 하는 자는 하천관리자의 허가를 받아야 한다.

도도부현 지사는 해당 도도부현의 구역 내에 있는 하천에 대해서 허가를 받는 자로부터 유수 점용료, 토지 점용료를 징수할 수 있다. 금액은 도도부현의 하천유수 점용료 등 징수조례 등에 의해 정해져 있다.

4. 항만: 항만구역 내 수역 등의 점용허가와 점용료

항만법에 의해 항만구역 내의 수역(정례에서 정하고 있는 그 상공 및 해저의 구역을 포함한다) 또는 공공공지(이하, 항만구역 내 수역 등을 말한다)를 점용하고자 하는 자는 항만관리자의 허가를 받아야 한다. 또한, 항만 등 구역 내 수역 등의 점용허가를 얻은 것은 점용료가 발생한다. 점용료의 금액은 지자체가 정한 항만구역 및 항만 인접 지역 점용료 등 징수조례 등에 의해 정해진다.

5. 공개공지

공개공지란 불특정다수가 일상적으로 이용이 가능한 민간 부지 내의 공지를 말하고, 아트리움도 이에 포함된다. 건축기준법에 근거하여 총합설계제도에 의해 만들어진 것이 대표적이다. 이 점에서 전술한 네 곳의 공적 물리공간 관리와는 차이가 있다.

건축기준법상 공개공지를 만드는 특정 행정청의 허가를 얻음으로써, 용적률과 높이제한의 규제를 완화받을 수 있다. 이 때문에 공개공지에서는 건물을 세울 수 없고 일부 단체가 오랜 기간에 걸쳐 상설적으로 점용할 수 없다. 그러나 시가지의 활성화 대책으로 이벤트 등을 개최할 때에는 일시적으로 점용하는 물품판매 등으로 활용하는 것이 가능한 경우가 있다. 공개공지의 점용에 관한 절차 방식 등은 특정 행정청에 따라 다르다. 예를 들어, 도쿄도에서는 도쿄도 총합설계 허가요강, 도쿄도 총합설계 허가요강 실시세목을 만들어 일시 점용 신청서에 의해 도지사에 그 사항을 신고하여

〈표 1〉 공공공간 등을 이용할 때의 절차와 이용료 등

공적 물리공간 관리 등의 허가 신청

대상물	허가			점용료 · 절차		
	관리자	허가	법근거	이용료 등	대상물	법적 근거
도로	도로관리자	도로점용허가	도로법 제32조	도로 점용료		
국도 신설, 개축, 지정구역	국가				국도	도로시행령 별표
상기 외의 국도에서 정령지정도시가 아닌 것	도도부현					
정령지정도시 이외인 도도부현 도로	도도부현				도도부현 도로	도로점용료 등 징수조례
정령지정도시인 지정구간 외의 국도, 도도부현도로	정령지정도시 (인구 50만 이상 도시)				시구정촌 도로	도로점용료 등 징수조례
시구정촌 도로	시구정촌					
도로예정지	도로에 준함	도로점용허가	도로법 제91조 제2류	도로에 준함	도로에 준함	도로에 준함
도로	교통관리자 관할 경찰서장	도로사용허가	도로교통법 제77조	신청수수료	도로	도로교통법 제79조 제6항
공원(도시공원)	공원관리자	점용허가	도시공원법 제6조, 제7조	점용료	설치자	
설치자 국가	국토교통대신				국가	도시공원법 시행령 제20조
설치자 지자체(도도부현, 시구정촌)	지자체				지자체	지자체의 공원조례
하천	하천관리자	강가 및 하천 구역 내의 토지의 활용 허가	하천법 제 23조, 제24조	하천 점용료 토지 점용료	하천	하천법 제32조 제1항 도도부현의 하천유수 점용료 등 징수조례
1급하천	국도교통대신					
국토교통대신이 지정하는 구간의 1급하천	도도부현 지사					
2급하천	도도부현 지사, 또는 정령지정도시의 장					
항만	항만관리자	항만구역 내 수역 등의 점용허가	항만법 제 37조 제1항 제1호	점용료	항만구역 내 수역 등	항만법 제37조 제4항 지자체가 정한 항만구역 및 항만 인접지역 점용료 등 징수조례
항만구역 내의 수역 또는 공개공지(이하, 항만구역 내 수역 등을 말한다.)	항만법 제2장 제1절의 규정에 의해 설립된 항무국(Dock board) 또는 제33조의 규정에 의한 지방공공단체					
공개공지	특정 행정청	자세한 사항은 본문 163쪽 참조				

행사내용의 필요에 따라 신청하는 허가와 신고

대상이 되는 사항	허가 · 신고	신청, 제출처	법 근거	신청료 유무	개 요
식품영업 음식의 영업과 식품 등의 판매를 실시하는 경우 (식품위생법 시행령 제35조에서 정하는 34업종과 도도부현 등이 조례로 정하는 업종)	식품영업 허가	도도부현 지사 또는 보건소를 설치하는 시장, 구장에게의 보건소를 통한 신청	식품위생법 제52조	○	신청수수료는 식품위생법 시행규칙 제14조 제3항에 의거한다. 도도부현에 따라서는 지역 공공단체와 주민단체가 관여하는 공공적 목적을 지닌 주민 행사와 산업 행사에서는 바자 등 단기간에 실시되는 것에 대해서는 통상의 영업허가가 아닌 관할 보건소에의 임시 출점에 관한 신고(식품취급 신청)와 신청 뒤에 보건소의 지도를 받도록 하고 있는 지역도 있기 때문에 상세한 내용에 대해서는 관할 보건소로 문의할 필요가 있다.
행사 개최 극장 이외의 건축물 기타 공작물은 연극, 영화, 기타 행사를 개최하는 경우, 행사를 실시하기 3일 전까지 신고할 필요가 있다	행사개최의 신고	관할 소방서	지자체의 화재예방조례	×	행사개최, 노점 등 개설하기 3일 전까지 제출
노점 등의 개설 이벤트 행사와 전시회 등 다수의 사람들이 모이는 옥외에서의 행사에서 화기를 사용하는 기구를 사용하는 노점 등을 개설할 경우	노점 등의 개설 신고				
옥외광고물 행사 주최자가 옥외광고물을 행사 시작에 맞추어 설치하는 경우	옥외광고물 허가	도도부현의 옥외광고물 조례에 의한 신청 창구	옥외광고물법 제4조 도도부현의 옥외광고물 조례, 옥외광고물 조례규칙	○	시구정촌장이 허가하는 광고에 대해서는 시구정촌에서 수수료를 정하고 있는 곳이 있기 때문에 시구정촌의 옥외광고 담당창구에 확인할 필요가 있다.
집회와 이벤트 공공장소에서 집회를 개최하는 경우	집회 신고	관할 경찰서를 통해 공안위원회	도도부현의 공안조례	×	집회와 이벤트를 개최하는 72시간 전까지(도쿄도)

기준에 적합한지 확인을 받아야 한다(도쿄도에서는 상기 요강 및 기준 이외에 '도쿄의 세련된 가로경관 만들기 추진조례'가 있어 규제를 완화하고 있다(194-197쪽 참조)). 이러한 요강을 만들지 않은 특정 행정청도 존재하는데, 이럴 경우에는 개별 상담을 하게 된다.

단, 특정 행정청이란, 건축주사(건축기준법에 근거한 건축을 확인하는 행정관)를 둔 시구정촌 구역에서는 해당 시구정촌장, 기타 구역에서는 도도부현 지사를 말한다.

행사내용의 필요에 따라 신청하는 신고와 허가

1. 식품영업허가와 신청수수료

식품점과 커피점 등의 영업을 실시하는 경우와 유제품과 어패류 등을 판매하는 경우에는 식품위생법에 의해 그 영업소 소재지를 관할하는 도도부현 지사 또는 보건소를 설치한 시의 시장 또는 특별구 구장의 허가(이하, 식품영업허가)가 필요하다.

허가가 필요한 업종은, 식품위생법 시행령에 의한 식품점영업, 커피점영업, 우유류 판매업, 식육판매업, 어패류 판매업 등 34업종 및 도도부현 등이 조례로 정한 업종으로 되어 있다. 또한, 식품위생법 시행령에 의해 허가를 얻기 위해서는 영업소 소재지를 관할하는 보건소를 통해서 도도부현 지사 등에 신청할 필요가 있다. 신청 시, 신청수수료가 붙는다.

제례행사 등에서 간이시설을 만들어 불특정다수의 사람들을 대상으로 식품을 제공하는 경우에도 원칙으로 식품영업허가가 필요하다.

그러나 도도부현에 따라서는 지역 공공단체와 민간단체가 관여하는 공공적 목적을 지니는 주민행사와 산업행사에서의 바자회 등, 단기간에 실시되는 것에 대해서는 통상의 영업허가가 아닌, 관할 보건소에의 임시 출점에 관한 신고(식품취급신고)와 신청 뒤에 보건소의 지도를 받도록 하고 있는 지역도 있기 때문에 상세 사항에 대해서는 관할 보건소에 문의해야 한다.

2. 소방서에의 신고

지자체의 화재예방조례에 의해 행사를 개최하거나 노점을 개설하는 3일 전까지 소방서에 다음의 신고가 필요하다.

행사개최 신고 극장 이외의 건축물 이외의 공작물은 연극, 영화 기타 행사를 개최할 경우, 행사를 실시하는 3일 전까지 신고가 필요하다.

노점 등의 개설 신고 이벤트나 전시회 등 다수의 사람이 모이는 옥외에서의 행사에서 화기를 사용하는 기구 등을 사용하는 노점 등을 개설할 때에는 노점을 개설하기 3일 전까지 소방서에 신고가 필요하다.

3. 옥외광고물 허가와 신청수수료

옥외광고법에 의해 행사 주최자가 옥외광고물을 행사와 함께 실시하는 경우, 도도부현은 조례에 의해 양호한 경관을 형성하거나 풍치를 유지하거나 또는 대중에 대한 위해를 방지하기 위해서 필요하다고 인정될 때에는 광고물의 표시 또는 게재물건의 설치에 대해서, 도도부현 지사의 허가를 의무화하거나 기타 필요한 제한이 가능하다.

허가의 신청창구와 허가권자는 도도부현의 옥외광고물 조례에 의해 정해진다. 허가권자에 신규 허가를 신청하고(옥외광고조례) 광고물의 허가를 받는 경우, 광고주는 표식표의 부착 상황을 제출할 필요가 있다(옥외광고물 조례규칙). 옥외광고물 허가신청 수수료와 허가기간도 조례에 의해 정해져 있다. 다만, 시구정촌 장이 허가하는 광고에 대해서는 시구정촌에서 수수료를 정하고 있는 경우가 있기 때문에 시구정촌의 옥외광고 담당창구에 확인할 필요가 있다.

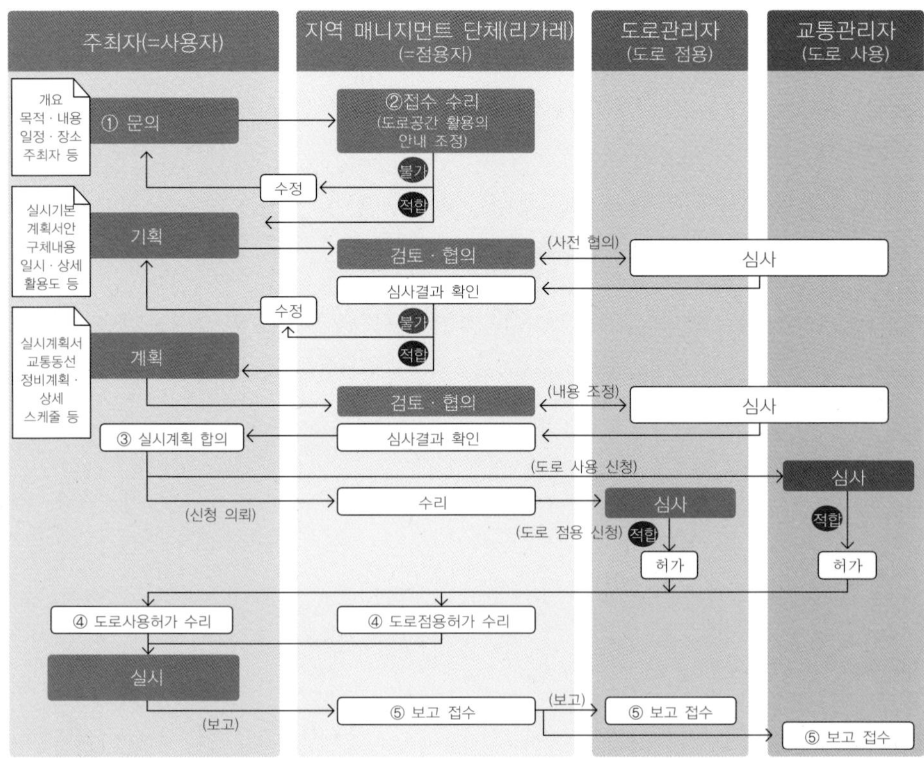

[그림 1] 오오테마치 · 마루노우치 · 유라쿠초 지구에서의 도로공간 활용절차의 흐름(오오테마치 · 마루노우치 · 유라쿠초 지구 마을만들기 간담회 '오오테마치 · 마루노우치 · 유라쿠초 지구 도로공간 활용의 안내'에 의해 작성)

4. 집회신고

가로에서 집회를 실시하는 경우, 각 도도부현의 공공안전조례에 근거하여 경찰에 의해 규제되는 경우가 있다. 예를 들어 도쿄도는 행사 주최자가 도로 이외에서 이벤트를 개최하면 관할 경찰에 72시간 전까지 집회신고를 제출할 필요가 있다. 도로는 161쪽 1. 도로를 참조.

지역 매니지먼트 단체를 통해 지역 내의 공간을 다른 단체가 이용하는 사례: 다이마루유 지구([그림 1] 참조)

지역 매니지먼트 단체가 지역 내에 보유·관리하고 있는 공간을 다른 단체가 주체하는 행사에서 이용하고자 할 경우, 주최자인 지역 매니지먼트 단체의 조정·협의 이외, 전술한 바와 같이 도로관리자와 교통관리자 등과의 협의·조정이 필요하다.

예를 들어 도쿄의 오오테마치·다이마루유·유라쿠초 지구(이하, 다이마루유 지구)에서는 행사 주최자가 지역 매니지먼트 단체인 NPO 법인 다이마루유 지역 매니지먼트 협회(이하, 리가레)에 신청하여 마루노우치 나카 거리(구청 관리 도로)에서 이벤트를 실시하는 경우에는 다음과 같은 순서로 절차가 진행된다.

1. 허가신청·신고

리가레와 주최자 간에 이벤트의 기획·실시내용을 검토·협의한다. 합의한 실시계획에 대해서 리가레(도로점용자)는 도로관리자(치요다구)에 도로점용허가의 신청을, 주최자(도로사용자)는 교통관리자(경찰서)에 도로사용허가를 신청하여 이들의 허가를 얻어 실시한다. 또한 행사의 개최신고를 소방서에 제출할 필요가 있다.

기타 행사는 필요에 따라 음식 등의 노점을 낼 경우, 식품영업 허가 또는 식품취급신고서를 제출하게 되고, 광고 등을 함께 실시할 경우, 옥외광고물 허가를 신청할 필요가 있다.

또한, 마루노우치 나카 거리에 면한 주변 토지소유자와 건물 관리 관계자에게는 이들의 민간 부지에서 작업 등을 실시하는 경우, 승낙을 얻을 필요가 있다.

행사 종료 후, 행사 주최자는 리가레에 실시보고서를 제출하여야 한다.

2. 마을만들기 협력금과 도로점용료 등

행사 주최자는 지역 매니지먼트 단체로서 리가레가 계속적인 활동을 실시하기 위해 마을만들기 협력금(코디네이터료 포함)과 도로점용자인 리가레가 마루노우치 나카 거리의 도로관리자인 치요다구에 납입하는 도로점용료에 상응하는 비용을 리가레에 납부할 필요가 있다.

마을만들기 협력금은 마루노우치 나카 거리에서 매일 실시되고 있는 오픈 카페(마루노우치 어번 테라스)의 운영과 청소 등, 공간의 유지관리에 사용된다.

3. 제3자의 광고를 실시하는 경우의 비용

행사에 관련되는 제3자의 광고(행사 설치물에 스폰서 기업로고 등을 기재하는 경우 등)를 실시하는 경우, 별도 지역 매니지먼트 광고 심사료(리가레에 납부), 옥외광고물 허가수수료(치요다구에 납부)가 발생한다.

공공공간을 활용할 때의 일곱 가지 유의사항

지역활동을 지역 내의 공간에서 실시할 때의 기본적인 방침

여기에서는 지역활동을 실시할 때의 유의사항에 대한 기본적인 방침을 서술한다. 도로, 하천, 공원, 항만 등의 공간은 공공의 재산이고, 국민의 부담에 의해 정비되고 유지되어 온 자산이다. 동시에 각각의 본래 목적이 있다. 도로는 통행을 위한 공간, 하천은 이수利水와 치수治水, 공원은 사람들의 휴식과 유희를 즐기는 공간, 항만은 선박이 안전히 정박하여 사람들의 승하선과 부역이 실시되는 공간으로, 지역활동으로 공간을 점용할 때 본래의 목적을 저해되어서는 안 된다.

이런 공간에서는 지역활동을 하는 데 있어서, 첫째로 공공성과 공익성을 배려할 것과 둘째로 지역에서 합의형성을 도모하는 것이 중요하다. 이 두 가지는 지역활동의 행사내용과 실시 조직 등을 조정하면서 유의해 나갈 수 있다.

도로 등을 활용할 때의 일곱 가지 유의사항

공공공간에서 가장 빈도가 높다고 생각되는 도로를 중심으로 지역활동에 근거한 행사에 활용할 때의 유의사항을 고민해 보자.

도로를 활용한 지역활동에는 오픈 카페, 노점과 같은 매장에서 수익을 올리는 것과 보행자 천국, 제식행사, 퍼레이드 등의 수익이 없는 것이 있다. 함께 실시되는 경우도 있는 이들 활동은 성립과정과 규모, 기간이 다양하고, 지역 내에서의 방식에 따라 매우 다양하다.

여기부터는 국토교통성 도로국 〈도로를 활용한 지역활동의 원활화를 위한 가이드라인-개정판-2016년 3월〉 4-8쪽의 '도로를 활용한 지역활동의 진행방식'에 따라 유의사항은 ❶-❻, 기타 유의사항은 ❼을 설문조사 등에서 얻은 사례를 포함하여 정리하였다.

❶ 지역활동 내용의 결정

효과적인 지역활동을 실시하기 위해서는 지역의 특색과 과제 등을 잘 검토한 후에 어떠한 활동을 실시할지를 정하는 것이 중요하다.

이때 활동의 본래 목적만이 아니라, 지역과 주변을 포함한 배려가 필요하다. 예를 들어, 지역의 활기를 창출하는 것에 초점을 맞추는 것만이 아니라, 지역활동에 따른 교통집중에 의한 혼잡과 교통체증의 발생 등, 예측되는 문제를 최소한으로 줄여 나가는 배려가 요구된다. 또한, 지역에서 문제가 되고 있는 도로 미화활동이나 문을 닫은 상점가 대책 등과 같은 지역의 공익으로 연결되는 활동과 함께 실시한다면 지역의 합의 형성과 활동과는 관계없는 통행자의 이해를 얻기 쉬워진다. 마루노우치에서는 본래의 목적 이외에 아래의 사항에 유의하고 있다.

사례 마루노우치 나카 거리의 행사 주최자에 대한 유의사항

운영상의 관리책임　　행사기간 중에 시설의 관리, 방문객의 정리 · 안내, 도난, 화재, 사고방지, 응급환자가 발생할 때의 대응에 관해서 주최자 · 운영자의 책임으로서 필요한 대책을 강구한다.

방문객 동선의 확보　도로는 공공의 것으로 상시 개방되어 있다. 행사 중에는 안전하고 쾌적한 통행을 철저히 확보할 수 있도록 방문객의 동선을 확보한다.

반입 · 반출　도로는 공공의 것이기 때문에 관할 경찰서의 지도를 받는 경우가 있다. 특히, 반출입은 사전에 검토 · 조정을 실시하고, 계획적이며, 안전을 충분히 배려하여 작업한다.

(자료: 리가레 〈마루노우치 나카 거리 이용 가이드〉 2017.4Ver. p.1)

❷ 지역활동의 실시 조직: 지자체의 관여를 명시

도로를 활용한 지역활동의 실시 조직은 공공성과 공익성, 지역의 합의 형성을 배려하여, 지자체(시구정촌)와 지역의 관계자로 이루어진 협의회, 지자체의 후원 · 지정을 받은 단체 등, 어떠한 형태로든 지자체가 관여하고 있는 단체인 것이 유연한 지역활동의 실시를 추진하는 데 열쇠가 된다.

지역활동을 추진하는 실행위원회, 협의회 등을 구성할 때 상공회의소, 상점가 진흥조합과 NPO 등이 중심이 되는 것은 상관없으나, 지자체가 구성원이거나 옵저버로 참가하는 것이 바람직하다. 다만, 지자체가 중심이 되어 활동하는 것은 아니다. '지역이 하나 되어 활동을 추진한다'라는 취지를 실시 조직의 발족 시점에 내세우기 위해서 지자체의 후원을 받거나 지자체가 지정하는 도시재생 추진법인이 되는 등의 방법이 있다.

도로에서 지역활동을 진행하는 데에는 도로관리자(국가 · 도도부현 · 시구정촌)와 교통관리자(관할 경찰서)와의 협의가 중요하기 때문에 활동내용을 적시에 적절하게 정보를 교환하면서 진행해 나가는 것이 중요하다. 이런 가운데에서도 지자체가 실행위원회 등에 관여하고 있는 것을 명확히 해 두는 것이 매우 중요하다.

사례 다케시바 지역 매니지먼트

일반사단법인 다케시바 지역 매니지먼트는 도로가 아닌 항만시설 내에서 지역활동을 하기 때문에 항만관리자인 도쿄도 항만국과의 협의가 필요하다. 다케시바 지역 매니지먼트에 따르면, '다케시바 선창부두에서 지역활동을 할 때에는 도쿄도와 미나토구가 그 행사와 사회실험을 후원하는 것이 항만관리자와 협의를 실시하는 데에 대전제가 된다'라고 한다.

전례가 없는 가운데 쌍방 모두가 하나하나 찾아가면서 실시하고 있는 상태로 사전협의를 하고 있기 때문에 지자체의 후원은 반드시 필요하다. 도로에서든 하천, 공원에서든 상황은 크게 다르지 않다.

❸ 지역활동에 필요한 허가

1. 신청, 신고와 사전협의

도로를 활용한 지역활동을 실시할 때에는 전술(161쪽)한 바와 같이 도로점용허가, 도로사용허가가 필요하다. 또한 지역활동의 내용에 따라서는 식품영업허가, 옥외광고물 허가, 소방서에의 신고 등이 필요하다(166-170쪽).

소방에의 신고 등은 행사개최 3일 전까지 실시하면 되는데, 기타 허가절차에는 관계 기관과의 사전조정이 필요하기 때문에 활동내용의 검토단계는 충분한 시간을 가지고 의사소통을 도모해야 한다.

다만, 사전협의는 각각의 관계 기관과

① 도로의 본래 목적을 저해하고 있지 않은가.

② 저해하고 있더라도 이를 최소화할 장치를 마련하고 있는가.

③ 지역의 특색을 나타내는 공익성을 지니고 있는가.

④ 지역과제를 해결하고자 하는 수법을 행사 중에 도입하고 있는가.

등 공공성과 공익성에의 배려와 지역에서의 합의 형성이 도모되었는지가 협의의 초점이 된다.

2. 같은 지역 내에서도 도로점용허가의 기준이 다르다(176-177쪽 **참조**)

다이마루유 지구의 리가레에 따르면, 교코 거리와 마루노우치 나카 거리에서 행사내용에 의한 허가기준이 다르다는 것을 알 수 있다.

리가레가 상담창구 역할을 하고 있는 교코 거리의 활용범위는 도쿄역에서 황거로 향하는 히비야 거리까지의 폭원 20m, 길이 200m다. 도쿄도의 도로이기 때문에 도로관리자는 도쿄도로 관련 창구는 제1건설 사무국 관리과가 된다. 허가할 행사내용의 기준은 세계를 향한 도쿄의 정보발신 행사, 도쿄의 중심으로서 그 존재를 표현하는 행사, 올림픽 · 패럴림픽 관련 행사 등이 있다.

반면, 마루노우치 나카 거리의 활용범위는 북단은 마루 빌딩 · 미츠비시 상사 빌딩 · 유센 빌딩의 블록에서 남단에는 신국제 빌딩 · 국제 빌딩 앞까지의 5블록에 걸친 구간이다. 1블록당 폭원 7m, 길이 100m다. 치요다구의 도로이기 때문에 도로관리자는 치요다구로 관련 창구는 환경 마을만들기 총무과 점용계가 된다. 여

다이마루유 지구 도로공간에서의 행사 기본방침

리가레는 허가기준 등을 고려하여 다이마루유 지구에서 열릴 행사 기본방침을 행사 주최자에 전달하고 있다.

① 세계를 향한 정보발신: 교코 거리(지상)

일본을 상징하는 장소로서 세계를 향한 일본의 얼굴을 연출하고, 문화 · 테크놀로지를 발신하는 행사, 국내외의 선진성, 시대성, 예술성이 우수한 행사

② 일본 · 도쿄의 중심으로서의 존재: 교코 거리(지상 · 지하), 마루노우치 나카 거리

수도 도쿄의 얼굴로서 일본과 도쿄의 경제활동, 사회지원, 환경계발, 문화교류를 촉진하는 행사

③ 다이마루유 지구 안팎의 활동 등의 촉진: 다섯 곳 모든 거리

다이마루유 지구 안팎 기업의 사회지원과 경제활동, 지구 안팎에서 전개되는 비즈니스 활동의 지원, 직장인 간 교류 · 주변 지구와의 교류 촉진, 도시관광 등의 촉진에 도움을 주는 행사

④ 직장인 · 방문객에게 휴식공간을 제공: 교코 거리 지상을 제외한 네 곳의 거리

직장인 · 방문객을 위한 편의성과 쾌적성 향상을 도모하는 행사.

다섯 곳의 도로공간과 연동하여 활용 가능한 퍼블릭 스페이스로 '마루 빌딩 마루큐브', '마루노우치 ○○ 광장', '도쿄 빌딩 TOKIA 가레리아', 'JP타워 상업시설 KITTE 아트리움', '도쿄 국제포럼 지상 광장', '오오테마치 나카 거리' 등이 있다.

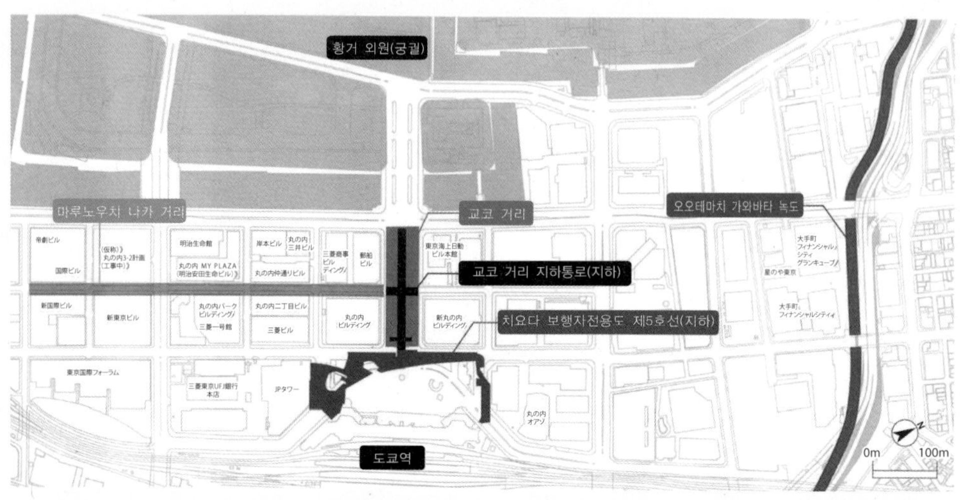

교코 거리(지상)

교코 거리(지하)

마루노우치 나카 거리

치요다 보행자전용도로 제5호선(지하)

오오테마치 가와바타 녹도

▲
◀ 도로 다섯 곳의 모습

◀ 국제전략특구법에서 도로점용의 특례를 인정받은 도로(자료: 리가레 〈마루노우치 나카 거리 이용 가이드〉 2017.4Ver. p.3)

기에서는 활기 창출, 제3의 장소third place 등 커뮤니티 창출, 휴식공간 만들기 등의 행사를 권장하고 있다.

❹ 실시기간

도로를 활용한 지역활동의 실시기간은 일시적인 것이 있는 반면, 계속적 · 반복적인 것도 있다.

지역의 활기를 창출한다면 계속적 · 반복적인 것이 효과적이다. 반면에 이러한 활동은 예산과 실시체제 등의 관점에서 제약이 있고, 계속해서 열기가 어려운 경우가 많을 것으로 추측된다. 애초에 비교적 짧은 기간에 실시하고, 그 결과를 피드백하면서 진행이 원활하도록 적절히 대책을 취하며 단계를 밟아나가는 활동을 추진해야 한다.

사례 다케시바 지역 매니지먼트 '다케시바 여름 페스타'

'다케시바 여름 페스타'는 이즈 제도를 오가는 정기선과 휴가철을 이용해 많은 이들이 찾고 있는데, 2015년에는 1000명, 2016년에는 3000명, 2017년에는 5000명의 실적을 올리고 있다.

관계 기관의 지원과 협력을 얻어 사고 없이 실시하고, 다케시바 지역의 자원인 부두를 활용해 활기를 촉진하며, 이즈 제도 등의 크고 작은 섬들의 진흥, 다케시바 지역의 매력 향상에 기여하고 있다. 집객 규모에 의해 항만시설 이용의 대응이 달라지기 때문에 단계적으로 실시하여 실적을 올리고 있는 좋은 예다.

❺ 수익활동을 포함한 지역활동일 경우의 실시 배려

지역활동에 수익활동이 포함되는 경우, 행사 주최자가 실시하는 것도 있는데, 설비와 노하우를 지닌 사업자에 위임할 수도 있다.

연도沿道나 지역의 점포에게 협력과 참가를 구해 수익활동을 하는 방법과 참가자를 공모해 선정하는 방법이 고려될 수 있다. 무엇이든지 특정 단체에 이익이 편중되지 않도록 하고, 실시조직 중에 합의를 만들어내기 위한 연도나 지역 점포와의 사전 조정이 필요하다.

행사 주최자 이외의 단체가 수익활동을 할 경우에는 운영경비 등으로부터 산출된 이용료와 도로점용료 등을 징수하여 지역활동의 지속성을 높이는 것도 필요하다.

❻ 광고료 수입의 활용

지역활동을 하고 있는 지역 매니지먼트 단체에게는 재원을 확보하는 것이 필수 과제다. 계속적인 활동을 실시하여 지역의 활력을 창출하기 위해서는 안정적인 재원을 확보하는 것이 중요하다. 재원 확보의 방법으로 도로상에 광고물을 설치하여 광고료 수입을 지역활동 비용에 충당하는 방법이 있다.

다만, 도로는 공공의 재산이라는 것, 도로상에 설치할 광고물이 통행안전에 지장을 초래하는지, 양호한 도로경관을 해하는지 유의할 필요가 있다. 노상 광고물을 설치할 때에는 광고의 설치장소와 형상, 내용 등의 심사방법과 광고료 수입이 어떻게 사용되는가 등에 대해서 도로이용자의 이해를 얻을 필요가 있다. 도로관리자와 지자체 등으로 이루어진 협의회를 설치하여 도로상의 광고물을 설치하는 규정을 정하는 것이 효과적이다.

사례 마루노우치 나카 거리에서의 행사 전개 유의사항

리가레는 <마루노우치 나카 거리 이용 가이드>에 행사 주최자에게 다음과 같은 유의사항을 환기하고 있다.

주최자에 대한 주의사항

- 도로상의 설치물에 대해서는 24시간 보수관리 · 순회경비가 필요하다.
- 각 설치물 등은 일정 풍속을 견딜 기준이 있다.
- 가로등 등 기존 도로설치물의 사용으로 한정하지 않는다.
- 주변 보도 위에 공사용 임시 울타리가 존재한다.
- 공사중인 장소가 있기 때문에 일부 식재가 존재하지 않는다.
- 공사 부분은 보도와 차도의 단차가 없다.
- 비교적 바람이 강한 블록이 있기 때문에 빌딩풍 대책을 한정한다.

주최자 주변의 빌딩과 점포에 대한 유의사항

- 행사 방문객과 주변 점포 방문객이 서로 다름에 유의한다 (같은 모양의 상품은 진열하지 않는다).
- 주변 빌딩의 오피스 · 출입문 앞에 행사시설 설치에 유의한다.
- 주변 빌딩에 오픈 카페가 있기 때문에 객석 앞에서의 작

업 · 설치물 · 악취가 강한 행사는 유의(영업시간 아침-심야까지)한다.

· 주말 또는 축일은 노상 음식점에서 전세형 웨딩파티가 개최되는 빈도가 높기 때문에 점포 방문객의 동선에 유의한다.

일률적으로 수익활동을 포함한 지역활동에 대한 것만이 아니라, 통행방해와 사고위험을 사전에 방지하는 것, 주변 빌딩과 점포에 대한 유의사항이 명기되어 있다.

❼ 기타 유의사항

1. 기후악화에 의한 행사 중지

태풍(또는 저기압)의 확실한 접근, 직격, 호우주의보, 호우경보, 강풍 · 폭풍경보, 번개경보 등이 발생한 경우, 주최자의 판단에 의해 개최를 중지, 중단할 필요가 있다.

이러한 경우에 맞추어 주최자는 판단기준을 미리 정해두고 협의 · 대응을 실시하는 것이 필요하다. 또한, 도로망도 사전에 정해둘 필요가 있다.

다이마루유 지구 지역 광고사업

이 사업은 '현행 규정에서는 제출이 금지된 옥외광고물에 대해서의 규제완화', '광고사업에 의한 지역 활성화 및 마을만들기 재원 확보의 추진' 등을 목적으로 하고, 지역의 마을만들기에 관한 공공과 민간의 연계에 근거하여 실현된다.

도쿄도 옥외광고물 조례의 옥외광고물 금지구역에서 특례로 취급되며, 치요다구 경관 마을만들기 조례를 시작으로 하는 제반 절차에 근거하여 실시하는 것으로, 다이마루유 지구에서 이루어지는 지역 매니지먼트 활동의 일환이다.

사업주체는 리가레가 담당하는데, 지역 행사 고지와 상용광고 등의 제출에서 지역 광고심사회가 오오테마치 · 마루노우치 · 유라쿠초 지구 마을만들기 간담회에서 정한 경관 규정에 근거하여 심사를 실시한다. 또한, 광고출원료는 지역 · 마을만들기 활동 지원에 충당된다. 앞으로 지역 가로변 형성요소와 마을만들기의 안정적인 재원으로 옥외광고사업을 실시하려 한다.

사업개요
주최: 리가레
실시범위: 마루노우치 지역 및 그 주변(다이마루유 지구), 아래 지도 참조
제출매체: 가로등 기둥 플러그(배너), 블록 안내사인 내 포스터, 공사용 임시 울타리 등

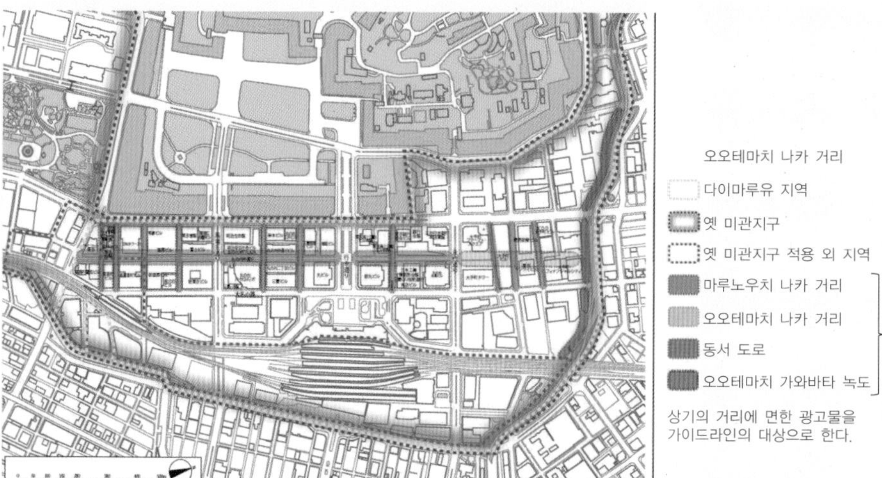

▲ 마루노우치 지역 광고 모델 사업의 실시범위(자료: 리가레)

▲ 광고 실시 사례: 미츠비시 1호관 미술관 '로트레크 전'(자료: 리가레)

사례 다이마루유 지구의 '강풍', '우천' 판단기준

다이마루유 지구에서의 '강풍', '우천' 판단기준은 다음과 같다.

〈표 2〉 다이마루유 지구의 '강풍', '우천' 시 판단기준

강풍 시 판단기준

풍속	대응
– 10m/s	통상업무
10 – 15m/s	행사 일시중단을 검토
15 – 20m/s	행사 일시중단
20m/s –	개최 중지

우천 시 판단기준

강우량 · 주의보/경보		대응
– 10mm/h	없음	중단 / 중지를 검토
11 – 19mm/h	없음	중단 → 중지 검토
20 – 39mm/h	호우주의보	중단 / 중지
40mm/h –	호우경보	중단 / 중지

(출처: 리가레 〈마루노우치 나카 거리 이용 가이드〉 2017.4Ver)

2. 연락망과 긴급대응

다이마루유 지구에서 리가레를 통해서 행사를 실시하는 주최자는 리가레에도 중지 연락을 취한다.

또한, 다이마루유 지구에서는 행사개최 중에 예상하지 못한 사태의 발생으로 치요다구, 경찰서 등의 행정 측에서 요청해 중지할 수밖에 없는 경우도 있다. 그 경우에는 행정(치요다구 등)이 리가레로 연락을 하고, 리가레가 행사 주최자(현장 관리자)에게 연락을 취하게 된다.

사례 다이마루유 지구의 지진 · 화재 등의 발생 시 긴급대응

지진 · 화재 등의 긴급한 상황이 발생한 경우, 행사 스태프는 당황하지 말고 운영책임자 · 관리책임자의 지시에 따라 방문객의 안전을 확보하도록 유도할 필요가 있다. 다음의 다이마루유 지구의 사례를 들어 설명한다.

· 업무를 시작하기 전에 행사의 핵심 스태프는 피난경로를 확인한다.

· 긴급 시에는 운영책임자 등의 지시에 따라 스태프는 차분히 행동한다.

· 방문객에게 '차분히 대응'하면서 '적합한 실황을 중계'한다. 예를 들어 '도로에서 실내의 안전한 곳으로 이동해 주세요', '도로로 뛰쳐나가는 것은 위험합니다' 등

또한, 행사의 운영책임자는 관할 소방서와 경찰서 등에 통보하고 각종 정보를 수집할 수 있도록 하여 차분하고 적합하게 판단을 내릴 필요가 있다.

(출처: 리가레 〈마루노우치 나카 거리 이용 가이드〉 2017.4Ver)

사례 다이마루유 지구의 테러 대책

올림픽 · 패럴림픽의 개최에 맞추어 전 세계의 관심이 도쿄와 일본을 향해 높아진 상황이다. 테러를 저지르는 집단이 이 시기를 타깃으로 일본의 도시를 겨냥할 우려가 있다.

행사 운영책임자와 행사 스태프는 긴급사태를 대비해 업무를 수행할 필요가 있다. 다음은 다이마루유의 사례다.

· 회의장 안과 주변에 의심되는 물건과 사람의 유무를 확

인한다.

· 전화, 우편물, 행사에 관한 웹, SNS의 댓글내용을 체크한다.

· 의심스러운 사항이 있다면 운영책임자 등에 연락하여 확인 지시를 보고한다.

· 업무 개시 전에 피난경로 등을 확인한다.

· 긴급 시에는 운영책임자 등의 지시에 따라 스태프가 차분히 행동한다.

· 방문객에게는 '차분한 대응'으로 '적합한 실황을 중계'한다.

(출처: 리가레 〈마루노우치 나카 거리 이용 가이드〉 2017.4Ver)

이상의 내용이 현행법에 근거하여 공공공간을 활용할 때 유의할 일곱 가지 사항이다.

공공공간 등을 이용할 때의 절차상의 과제

1. 공공공간 등을 이용할 때에는 경찰 협의에 시간이 가장 많이 걸린다

전국 지역 매니지먼트 네트워크에서는 회원단체 30곳에 대해 2016년 12월에 '지역 매니지먼트 활동을 추진하는 데에서의 과제'라는 주제로 설문조사를 실시하였다. 질문항목에는 공공공간 등을 사용하는 활동에 관한 질문 중 필요한 절차(복수 선택)와 그중 가장 시간을 필요로 하는 절차 한 가지를 선택한 결과가 [그림 2]다. 이를 보면, 필요한 절차로 행정 협의, 경찰 협의, 지역주민 협

다이마루유 지구에 있어서 도로공간의 활용

2015년 7월 31일부터 2017년 3월 31일까지 사회실험(오오테마치 · 마루노우치 · 유라쿠초 지구 공적 공간 활용 모델 사업)을 거쳐, 2017년 4월부터 다이마루유 지구에서 도로공간의 활용이 본격적으로 가동하게 되었다.

리가레는 경상적인 추진활동으로 지역 내의 도로공간[교코 거리(도쿄도의 도로), 마루노우치 나카 거리(치요다구의 도로), 교코 거리 지하도로, 오오테마치 하천변 녹도(치요다구의 도로), 치요다구 보행자전용도 제5호선]의 활용을 진행하고 있다. 이들의 도로공간은 국가전략도로 점용사업에 의해 도로법의 특례를 활용하여, 리가레가 중심이 되어 공공성 · 공익성에 근거한 적극적인 활용을 도모함으로써 지역 활기를 창출하고 있다.

도로점용자인 리가레는 도로관리자에 도로점용료를 납부하고, 행사 주최자는 도로점용료에 상응하는 비용을 리가레에 납부한다. 리가레는 행사 주최자로부터 징수한 마을만들기 협력금(코디네이터료 포함)을 바탕으로 마루노우치 나카 거리에서 실시되고 있는 어번 테라스 등의 계속적인 활동을 실시하는 등, 지구의 운영관리를 도모하고 있다.

▲ 마루노우치 나카 거리 어번 테라스(제공: 리가레)

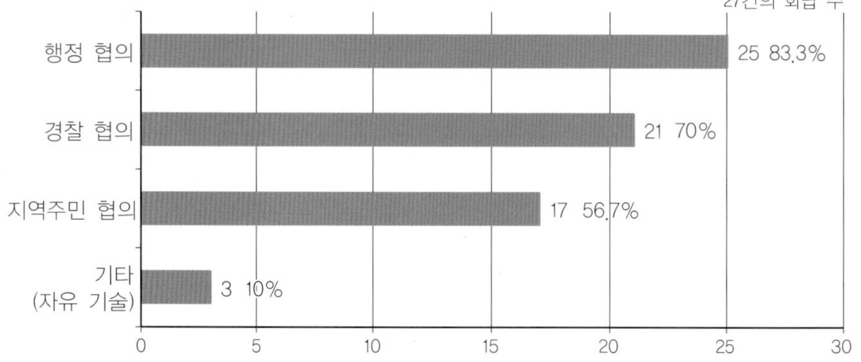

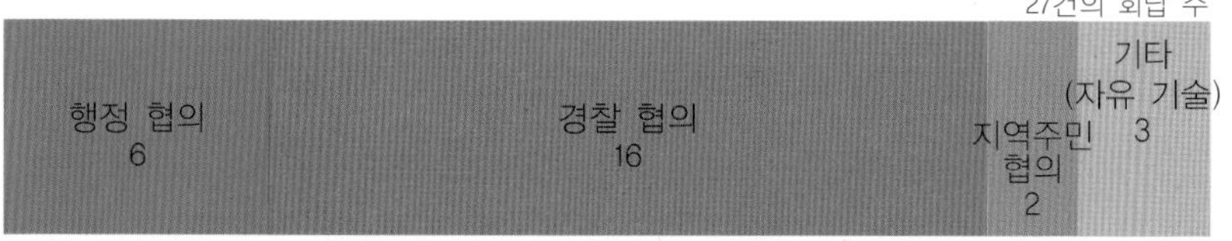

[그림 2] 공공공간 등을 사용하는 이벤트를 할 때 필요한 절차('전국 에리어 매니지먼트 네트워크' 회원 설문조사 결과(2016년 12월 실시)로 작성)

의 순으로 선택하였다. 이 가운데 가장 시간을 필요로 하는 절차는 경찰 협의가 반 이상을 차지하는 것으로 나타났다.

2. 공공공간 등을 사용할 때에 사용제한이 있는 것이 제도상의 첫번째 과제

또한, 지역 매니지먼트 활동을 실시할 때 제도상의 과제로 든 결과는 [그림 3]에 제시하였다. '과제가 꽤 있음'과 '과제가 조금 있음'의 합계를 보면, 첫 번째는 '공공공간 등을 사용할 때 사용제한이 있는 경우'(84%), 두 번째는 '교대한 행정기관 담당자의 대응에 변화가 있는 경우'(74%), 세 번째가 '행정기관이 지자체, 보건소, 경찰 등 다양한 경우'(70%)였다.

① 지역 매니지먼트 활동에 대응하는 법인제도가 없는 경우

과제가 꽤 있음	과제가 조금 있음	별로 과제가 없음	전혀 과제가 없음	무응답
27%	27%	43%	3%	

② 지역 매니지먼트 단체에 관한 적절한 세수상의 우대가 없는 경우

과제가 꽤 있음	과제가 조금 있음	별로 과제가 없음	전혀 과제가 없음	무응답
37%	27%	33%	3%	

③ 행정기관이 지자체, 보건소, 경찰 등 다양한 경우

과제가 꽤 있음	과제가 조금 있음	별로 과제가 없음	전혀 과제가 없음	무응답
43%	27%	23%	3%	3%

④ 공공공간 등을 사용할 때 사용제한이 있는 경우

과제가 꽤 있음	과제가 조금 있음	별로 과제가 없음	전혀 과제가 없음	무응답
47%	37%	13%	3%	

⑤ 교대한 행정기관 담당자의 대응에 변화가 있는 경우

과제가 꽤 있음	과제가 조금 있음	별로 과제가 없음	전혀 과제가 없음	무응답
37%	37%	27%		

[그림 3] 지역 매니지먼트 단체 활동의 제도에 관한 과제([그림 2]와 동일)

3. 공공공간 등의 허가제도에 관한 세 가지 과제

지역 매니지먼트 단체가 공공공간 등을 활용할 때, 지역 협의를 실시하는 것이 아니라, 행정과 경찰, 보건소 등 다양한 기관과 협의와 절차를 밟아야 되고, 특히 경찰 협의에 시간을 소모하는 경우가 많다.

또한, 제도 운용상 큰 과제 세 가지가 있다.

① 허가가 내려졌더라도 활용에는 제약이 있다.

② 행정기관의 담당자가 바뀌면 대응이 바뀐다.

③ 행정기관의 협의처가 경찰, 행정, 보건소 등 여러 곳에 걸쳐 있다.

이러한 사항이 지역 매니지먼트 단체에게는 제도 운용상의 문제점으로 지적되고 있다.

〈표 3〉 지역 매니지먼트 단체의 과제(각 단체의 자유 서술)([그림 2]와 동일)

· 공공공간을 활용한 활기 창출을 지향하고 있는데, 사용제약이 많기 때문에 자유로운 활동이 불가능하다.

· 공적인 공간 활용에서는 행정기관과는 복수의 부서와 조정하는 데 시간이 걸리고, 활동내용도 폭이 좁은 경우가 있다.

· 관계 행정기관이 너무 많고, 조정에 사람과 시간이 소비된다.

· 활동하는 데에 향후 국가, 현, 시 등과 협의와 절차를 진행할 것으로 예상되는데, 제도에 대한 각 행정 간의 확인과 대응에 온도차가 염려된다.

· 활동지역에는 큰 공지가 없고, 스스로 재원을 얻을 활동 여지가 적다. 새로운 공익의 방향으로서 일부 도로공간(특히, 보도)도 유연히 활용할 수 있어야 한다. 지금 상황에서는 한결같이 회원기업 소유 빌딩의 셋백 공간(민간부지)을 활용하고 있는데, 행정에의 사전협의와 실시보고 등에서 보다 유연한 운용을 기대한다.

· 공개공지를 사용할 때 원칙적으로 영리활동이 금지되어 있기 때문에 활기 창출이 제한된다.

· 공공공간 활용에 대해서 행정의 도로관리자와 도시계획 부문까지는 조정되더라도 경찰협의에 난항을 겪는다. 또한, 행정이 주도해 지역 매니지먼트를 활성화하고자 할 때에도 경찰의 찬성을 얻을 수 없다.

· 도로공간을 이용하는 이벤트를 실시할 경우, 이벤트 계획의 제출, 조사, 심의에 상당한 시간이 걸린다. 이에 더해서 안전 측면의 확보를 위한 경비태세의 강화를 위해 이벤트 비용이 상당히 올라가는 상황이다.

· 공개공지에서도 지역 마을만들기 요강에 따른 '특별장치'가 적용되지 않기 때문에 운영비 획득에는 도달하지 못한 상황이다. 특히, 카페와 키친카 운영, 광고수입 확보 등은 장기적인 전개가 필요하기 때문에 하루라도 빨리 제도개혁을 기대하고 있다.

· 행정의 창구가 복잡하게 나뉘어져 있어 협의에 시간을 필요로 하는 것과 행정의 담당자 변경 등에 의해 지금까지 확보되어 있던 상황이 한 번에 바뀌어 금지되어 버리는 것도 있다.

· 행정 내부에서도 소관과 이외의 직원은 '도시재생 추진법인' 제도에 대해서 이해하고 있지 않은 경우가 많다. 이해가 되려는 시점에 또 다시 이동되어 초기화되어 버린다. 또한, 도로공간과 공원 등의 이용에 대해서 일반 시민에게 피해를 준다는 해석도 있고, 행정 내부에서도 통일된 견해가 형성되어 있지 않다.

· 행정기관의 담당자가 교대할 때 대응이 변화되는 것: 담당자가 신규 또는 그 상사와 부하가 함께 바뀐 경우, 현장 수준의 세세한 부분, 속도, 판단기준이 함께 크게 변화되어 그때마다 설명할 필요가 있기 때문에 큰 과제거리가 되어 있다.

· 도로를 활용할 때 관할 경찰서의 지도가 너무 엄격하다. 도저히 일어날 가능성이 없는 부분을 지적하여 허가를 내주지 않는 경우도 있다.

5-2

공공공간 등을 활용하기 위한 수법

이케부쿠로 그린 오도오리 'IKEBUKURO LIVING LOOP 2017'

공공공간 등을 잘 활용하기 위한 수법은 아직 개발 중에 있다. 각 지구의 지역 매니지먼트 단체가 사회실험 등을 통해 수법의 구축 등을 위한 활동을 하고 있는 상황이다. 향후 공공공간 등의 활용 추진의 열쇠는 행정 등의 절차를 포함한 공공과 민간의 연계체제에 있다.

이번 절에서는 공적 공간(공개공지)을 활용하기 위한 행정의 대응과 공공공간의 규제완화의 변천을 소개한다. 그다음 사회실험과 지역 매니지먼트 활동을 시민, 지역 매니지먼트 단체, 행정 등 세 곳의 입장에서 고찰하여 향후 공공과 민간의 연계체제의 방향을 검토한다.

공적 공간을 활용하기 위한 행정대응 사례

민간부지인데 공공공간처럼 일반에 공개되어 있는 것으로 공개

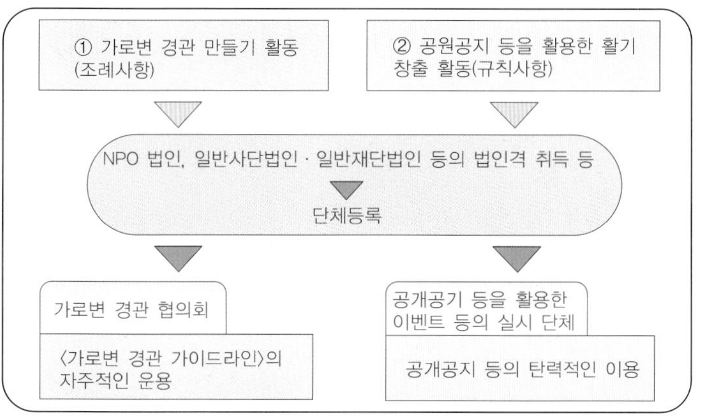

[그림 4] 마을만들기 단체 등록제도의 개념도(출처: 도쿄도 홈페이지)

공지가 있다(자세한 것은 163쪽 참조). 지역 매니지먼트 단체가 공개공지를 잘 활용할 수 있도록 하는 수법으로, 도쿄도의 '도쿄의 세련된 가로경관 만들기 추진조례'와 후쿠오카시의 '후쿠오카시 지역 마을만들기 추진요강'에 근거하여 '지역 마을만들기 협의회 등록제도' 및 '공개공지 등 활용계획의 등록제도', '후쿠오카시 공개공지 등을 활용한 활기 만들기 추진요강'이 있다. 지금부터 도쿄의 사례를 들어 제도내용을 소개한다.

'도쿄의 세련된 가로경관 만들기 추진조례'에 근거한 '마을만들기 단체 등록제도'

도쿄도의 '도쿄의 세련된 가로경관 만들기 추진조례'는 지역의 특성을 살린 공개공지의 매력을 높이는 마을만들기 활동을 주체적으로 실시하는 단체를 등록하여 그 활동을 촉진함으로써 민간의 발의를 유도하면서 지역의 매력을 높이는 것을 목적으로 한 제도다. 등록유효기간과 장점 등은 다음과 같다.

A. 등록유효기간: 3년간(갱신 가능)

B. 등록의 세 가지 장점:

① 무료 공익 이벤트에 더해서 다음의 활동 중 내용 등이 지역 활성화에 도움을 준다고 인정되는 것은 일정 조건하에 공개공지에서 실시하는 것이 가능하다.

가) 유료 공익 이벤트(콘서트, 전람회 등)

나) 오픈 카페(기존 음식점포에 면한 공간의 확보 등)

다) 물품 판매(노점, 플리마켓, 토산물판매)

② 유료 공익 이벤트는 연간 180일까지 활용 가능. 무료 공익

이벤트, 오픈 카페 등은 활용일수의 제한이 없다(등록 전에는 무료 공익 이벤트만 연간 180일까지).

③ 등록기간 중 이벤트의 사전신청 등의 절차를 일부 생략 가능하다(등록 전에는 이벤트 실시 때마다 등록).

C. '마을만들기 단체' 등록 수는 전체 62단체(2018년 3월 말 현재) 〈표 4〉에 도쿄의 세련된 가로경관 만들기 추진조례에 근거하여 등록한 주요 마을만들기 단체를 나타냈다. 또한, 리가레가 다이마루유 지구에서 '도쿄의 세련된 가로경관 만들기 추진조례'에 근거하여 공개공지를 활용하는 블록을 [그림 5]에 제시하였다.

[그림 5] 다이마루유 지구에서 공개공지를 활용하는 블록(출처: 리가레)

〈표 4〉 도쿄의 세련된 가로경관 만들기 추진조례에 있어서의 주요 '마을만들기 단체'

도시개발 프로젝트명	마을만들기 단체명	장소
진보초(神保町) 미츠이 빌딩, 니시키초(錦町) 트래드 스퀘어, 테라스 스퀘어	미츠이 부동산 주식회사	치요다구 간다(神田) 진보초 1초메 외
오오테마치 타워	도쿄 건물 주식회사	치요다구 오테마치 1초메
가스미가세키(霞が関) 빌딩, 스마카이관(霞会館), 도쿄 구락부	미츠이 부동산 빌딩 매니지먼트 주식회사	치요다구 가스미가세키 1초메 외
와테라스, JR칸다 만세이바시(万世橋) 빌딩	야스다(安田) 부동산 주식회사	치요다구 아와지초 2초메 외
오차노미즈(お茶の水) 솔라시티, 신오차노미즈 빌딩	다이세이 건설 주식회시	치요다구 간다스루가다이(神田駿河台) 4초메
도쿄 가든 테라스 기오이초(紀尾井町)	주식회사 세부(西武) 프로퍼티즈	치요다구 기오이초 1초메
아키하바라 UDX, 스미토모 부동산 아키하바라 빌딩, 후지(富士) 소프트 아키하바라 빌딩	아키하바라 타운 매니지먼트 주식회사	치요다구 소토칸다 4초메 외
마루 빌딩, 마루노우치 오아조, 도쿄 빌딩, 신마루 빌딩, 미츠비시 상사 빌딩 외	NPO다이마루유 에리어 매니지먼트 협회	치요다구 마루노우치 1초메 외
도쿄 미드타운 히비야, 도교쿠히비야(東玉日比谷) 빌딩	미츠이 부동산 주식회사	치요다구 유라쿠초 1초메 외
도쿄 스퀘어 가든	도쿄 건물 주식회사	추오구 교바시 3초메
교바시 에도그란	일본토지건물 주식회사	추오구 교바시 2초메
GINZA SIX	GINZA SIX 리테일 매니지먼트 주식회사	추오구 긴자(銀座) 6초메
미츠이 본관, 니혼바시(日本橋) 미츠이 타워, 미츠이 2호관	미츠이 부동산 주식회사	추오구 니혼바시 무로마치(室町) 2초메
하루미(晴海) 아일랜드 트리톤 스퀘어	하루미 코퍼레이션 주식회사	추오구 하루미 1초메
아크 힐즈	모리 빌딩 주식회사	미나토구 아카사카 1초메 외
도쿄 미드타운	도쿄 미드타운 매니지먼트 주식회사	미나토구 아카사카 9초메
시오도메 시오사이트 A, B, C, 1-2 블록	일반사단법인 시오도매 시오사이트 · 타운매니지먼트	미나토구 신바시 2초메

도라노몬 힐즈	모리 빌딩 주식회사	미나토구 도라노몬 1초메
롯폰기 힐즈	모리 빌딩 주식회사	미나토구 롯폰기 6초메
신주쿠 센터 빌딩	신주쿠 센터 빌딩 관리 주식회사	신주쿠구 니시신주쿠 1초메
신주쿠 스미토모(住友) 빌딩	스미토모 부동산 주식회사	신주쿠구 니시신주쿠 2초메
게이오(京王) 프라자 호텔, 오다큐(小田急) 센추리 빌딩, 오다큐 제1생명 빌딩, 신주쿠 파크 타워	일반사단법인 신주쿠 부도심 지역 환경개선 위원회	신주쿠구 니시신주쿠 2초메 외
에비스(恵比寿) 가든 플레이스 II 블록	삿포로 부동산 개발 주식회사	시부야(渋谷)구 에비스 4초메 외
시부야 히카리에, 시부야 캬스토	도쿄 급행전철 주식회사	시부야구 시부야 2초메 외
파크 시티 오사키(大崎)	미츠이 부동산 빌딩 매니지먼트 주식회사	시나가와(品川)구 기타시나가와 5초메
덴노즈(天王洲) 센트럴 타워, 덴노즈 유선 빌딩, 덴노즈 퍼스트 타워, 스피어 타워 덴노즈	덴노즈 리테일 매니지먼트 주식회사	시나가와구 히가시시나가와 2초메
후타고타마가와(二子玉川) 라이즈	도쿄 급행전철 주식회사	세타가와(世田谷)구 다마가와(玉川) 1초메 외

(도쿄도 도시정비국 자료에 의해 작성)

아키하바라 지구에서의 공개공지 등의 활용

아키하바라 주변 지역(약 22ha)의 매력 · 가치 향상을 위한 청소, 방범, 지역광고 등의 활동을 하기 위해 아키하바라 타운 매니지먼트 주식회사를 설립하였다. 이 회사는 '도쿄의 세련된 가로경관 만들기 추진조례'에 근거한 '마을만들기 단체'로 등록되어 있으며, 아키하바라 UDX, 스미토모 부동산 아키하바라 빌딩, 후지 소프트 아키하바라 빌딩의 공개공지에서 행사 주최자가 여는 이벤트를 코디네이트 하고 있다. 이때, 이벤트 수익의 일정 비율을 이용수수료로 주최자로부터 징수하여 마을만들기 비용으로 충당하고 있다.

아키하바라 타운 매니지먼트 주식회사는 치요다구의 지원을 받아 관과 민이 연계하여 설립한 회사(제3섹터)라는 점에서 일부 업무대행이 비교적 용이하다. 따라서 치요다구와의 협정에 의해 치요다구 도로의 광고, 옛 소유지의 물품보관함 · 자판기 · 자전거 주차장의 설치가 허가되었다. 또한, 도로점용료, 광장사용료가 면제되어 경찰에게 도로 사용허가신청 때의 수수료만 지불하고 있다.

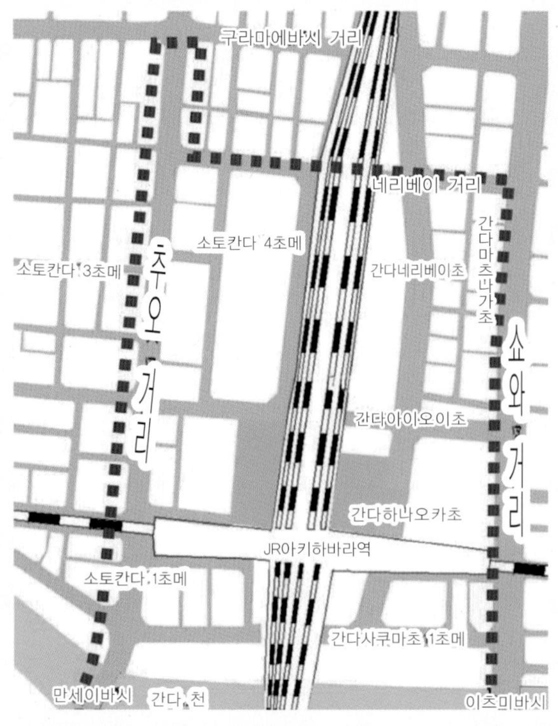

◀ 아키하바라 타운 매니지먼트 주식회사 활동범위(출처: 치요다구 홈페이지)

▲ 아키하바라 UDX 공개공지를 이용한 여름 이벤트(제공: 아키하바라 타운 매니지먼트 주식회사)

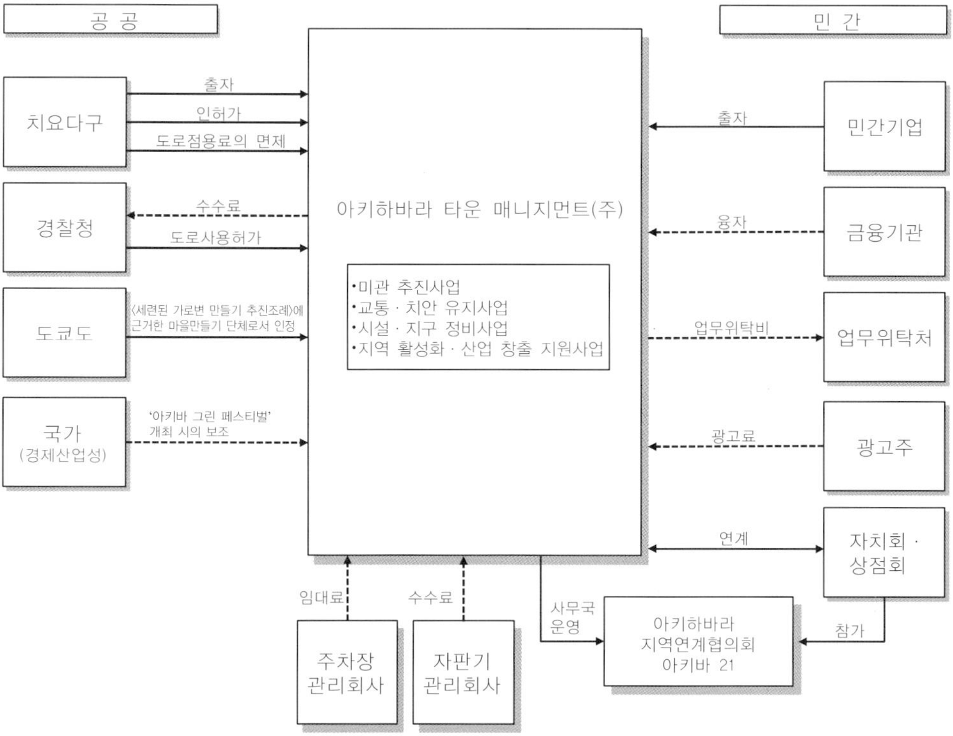

공 공

민 간

아키하바라 타운 매니지먼트(주)

- 미관 추진사업
- 교통 · 치안 유지사업
- 시설 · 지구 정비사업
- 지역 활성화 · 산업 창출 지원사업

치요다구 → 출자 / 인허가 / 도로점용료의 면제

경찰청 ← 수수료 / → 도로사용허가

도쿄도 → 〈세련된 가로변 만들기 추진조례〉에 근거한 마을만들기 단체로서 인정

국가 (경제산업성) → '아키바 그린 페스티벌' 개최 시의 보조

민간기업 → 출자

금융기관 → 융자

업무위탁비 → 업무위탁처

광고주 → 광고료

자치회 · 상점회 ↔ 연계

주차장 관리회사 → 임대료

자판기 관리회사 → 수수료

사무국 운영 → 아키하바라 지역연계협의회 아키바 21

자치회 · 상점회 → 참가 → 아키하바라 지역연계협의회 아키바 21

▲ 아키하바라 타운 매니지먼트 주식회사에 의한 사업의 흐름(제공: 아키하바라 타운 매니지먼트 주식회사)

공공공간을 활용하기 위한 점용허가의 특례제도

공공공간 등을 활용하기 위한 규제완화는 〈표 5〉와 같이 공개공지를 대상으로 한 '도쿄의 세련된 가로경관 만들기 추진조례'가 최초다. 특히 2011년 이후, 공공공간을 활용하는 규제완화가 증가해왔다. 주요 내용을 다음에서 설명한다.

1. 도시재생특별장치법의 도로점용허가 특례(2011년 10월 시행)

오픈 카페, 광고탑 또는 간판, 자전거 대여시설 등을 점용할 때의 무여지성(도로 부지 외에는 여지가 없어 어쩔 수 없는 경우)의 기준이 완화되었다.

2. 국가전략 특별구역의 도로점용허가 특례(2014년 4월 시행)

국제성이 있는 도로(예: 도시를 대표하는 중심가로, 축제 등에서 이용되는 가로 등)를 활용할 때 차도의 활용과 경찰과 연계한 허가수속의 간소화 · 탄력화, 도로관리자든 교통관리자든 어느 창구를 통해서라도 신청이 가능하게 되었다.

3. 중심시가지활성화법의 도로점용허가 특례(2014년 7월 시행)

오픈 카페, 노점(이벤트 때 일시적인 노점을 포함) 등을 설치할 때 도로점용에 관한 무여지성의 기준을 철폐하는 특례를 창설

4. 하천부지 점용기준준칙에 의한 하천부지 점용허가 특례(2011년 4월, 2016년 6월 시행)

2004년에 허가 준칙의 일부가 개정되어 민간 사업자 등이 사회실험으로 영업활동을 할 수 있게 되었다. 2011년 4월에는 특례장치의 일반화에 의해 조건이 완화되어 하천공간에서 사업을 하기

가 더 쉬워졌다. 게다가 2016년 6월의 개정에서 기간이 3년 상한에서 10년으로 완화되었다.

5. 도시공원법에 의한 도시공원 점용허가의 특례(2016년, 2017년 시행)

도시공원에서는 공공성이 높은 것 등 필요최소한의 범위에서 점용을 인정해 왔는데, 2016년의 개정으로 도시공원에서 사이클포트, 관광안내소를 점용할 수 있게 되었다.

게다가 2017년의 개정으로 민간이 제안한 수익환원형의 공원시설사업을 운영할 수 있게 되었다(Park-PFI 제도의 창설).

6. 도로협력단체제도의 창설(국도의 도로점용 원활화)(2016년 4월 시행)

국도의 청소, 화단의 정비와 제초 등을 실시하는 법인과 단체를 도로관리자가 도로협력단체로 지정하는 제도가 만들어졌다. 도로협력단체의 도로점용허가 절차가 간략해진 것이다. 신청서류의 제출을 요구하지 않고 도로관리자와의 협의가 성립되면 승인 또는 허가가 있었던 것으로 간주하게 되었다. 수익활동에서도 수익을 도로의 유지관리에 충당하는 경우에는 협의가 성립되기 쉬워졌다.

〈표 5〉 공공공간 등 활용에 대한 규제완화의 변천

년도	건명	대상	법 · 조례	규제완화의 내용
2003	도쿄의 세련된 가로경관 만들기 추진조례	공개공지	도쿄도 조례 제정	오픈 카페, 유료 이벤트
2004	하천부지 점용허가준칙의 특례장치	하천부지	하천법 개정	오픈 카페(모델 지역만), 협의회만 가능

2005	도시공원의 점용물건의 완화(도시 공공단체가 도시공원별로 조례에서 정한 가설의 물건 및 시설의 추가)	도시공원	도로공원법 시행령 개정	카페, 매점 등의 음식 물판 시설
	노상 이벤트의 통달, 〈도로를 활용한 지역활동의 원활화를 위한 가이드라인〉	도로	도로법(통달을 위한 법적 효력은 한정적)	노상 이벤트, 오픈 카페 시의 도로점용 허가 기준의 명시
2008	공적 활동의 광고의 통달	도로	도로법(통달을 위한 법적 효력은 한정적)	공공적 활동의 광고물의 도로점용 허가기준의 명시
2011	도로점용허가의 특례	도로	도시재생특별장치법 개정 도로법 개정	오픈 카페, 광고 등 점용 시의 무여지성 완화
	하천부지 점용허가준칙 개정(특례장치 일반화)	하천부지	하천법 개정	모델 지역 완화(전국 보급), 민간 응모 가능
	도시편의 증진협정의 제정(공공공간의 정비 · 관리의 역할비용 분담)	–	도시재생특별장치법 개정	공공과 민간의 연계 구역에 정비관리비용 부담협정의 법적 담보
	도시재생 추진법인제도(2009년 창설, 2011년 확충)	–	도시재생특별장치법 개정	마을만들기 조직의 공적 위치
2014	국가전략도로 점용사업(도로공간의 지역 매니지먼트의 완화)	도로	국가전략특별구역법 제정	국제성이 있는 도로활용(차도 활용, 경찰협의 완화)
	중심시가지의 도로점용허가의 특례	도로	중심시가지활성화법 개정	오픈 카페 등에 대한 도로점용허가의 특례
2015	도시공원의 특례(도시공원의 보건소 등의 해지)	도시공원	국가전략특별구역법 개정	도시공원에 보건소 · 사회복지시설 등의 점용기준 완화
2016	도시공원의 점용기준 완화	도시공원	도시재생특별장치법 개정 도시공원법 개정	공원에 사이클 포트, 관광안내소 설치 가능
	도로협력단체제도의 창설(국도의 도로점용 원활화)	도로	도로법 개정	오픈 카페 등 수익사업에 맞추어 공적 활동에도 확대
	하천부지 점용허가준칙 개정(특례기간의 확대)	하천부지	하천법 개정	특례장치의 기간이 3년에서 10년으로 확대
2017	저미이용지 토지이용촉진협정	공지	도시재생특별장치법 개정	공지, 빈 점포의 유효
	도시공원법의 개정(PARK-PFI 제도의 창설)	도시공원	도시공원법 개정	활용 민간 제안에 의한 수익환원형 공원시설의 사업운영제도 창설

지역 매니지먼트 활동과 사회실험

이러한 규제완화의 흐름과 함께 민간이 마을만들기 활동과 지역 매니지먼트 활동을 하기 쉬워졌다. 특례제도 등이 시행되자 대상의 공공공간에 따라 지정관리 여부 등에 미묘한 차이는 있으나, 규제가 완화된 제도를 활용하여 지역 매니지먼트 활동을 실시하고자 하는 움직임으로 이어지고 있다.

동시에, 사회실험에서도 이러한 규제완화의 흐름이 이어지고 있다. 사회실험 자체는 2000년 정도부터 매우 활발히 실시되어 오고 있다. 그러나 도로공간에 관해서는 사회실험이라기보다는 이벤트로 끝나 버리는 경우가 많았다.

그런데 2011년 4월에 도시재생특별조치법의 개정 이후, 도로공간에서도 상설화와 일상적인 이용 및 활용을 목표로 한 사회실험

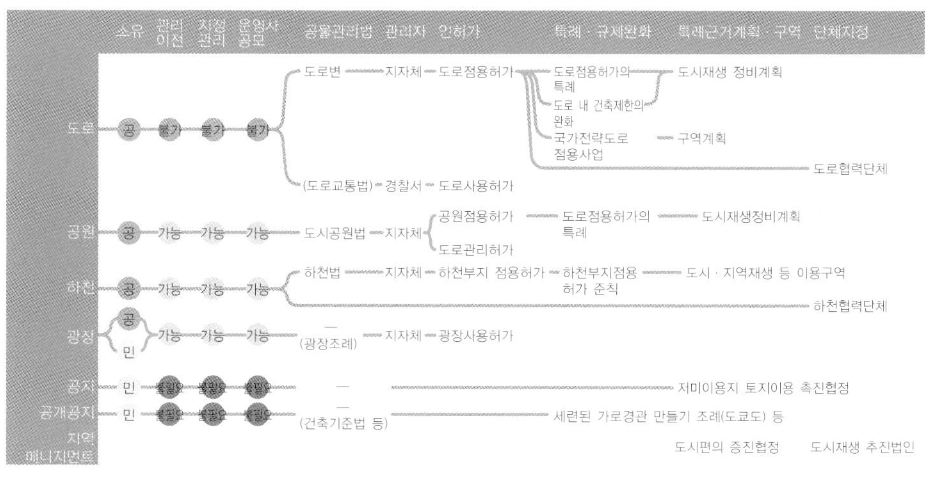

[그림 6] 공공공간 등을 활용하기 위한 제도의 현황(출처: 이즈미야마 루이 〈일반사단법인 모리기념재단 제6회 도시비전 강연회 자료〉)

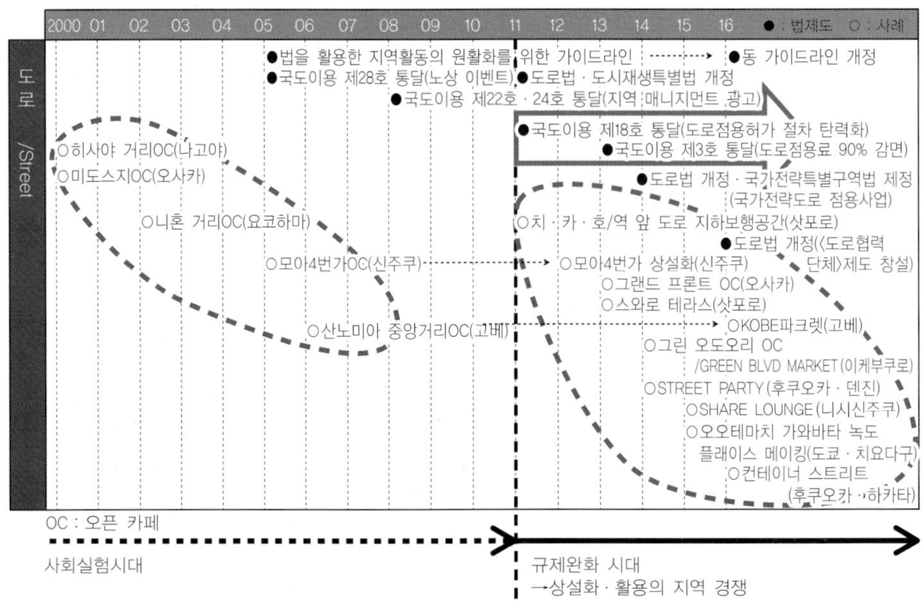

[그림 7] 도로공간을 이용하기 위한 사회실험의 의의가 2011년 이후 변화한다(출처: [그림 6]과 같음, 일부 변경)

이 많이 실시되고 있다. 공공공간 등의 이용 및 활용과 사회실험에 관한 식견이 풍부한 일본대학 조교수이자 〈소토노바〉 편집장인 이즈미야마 루이 씨는 "'사용할 수 없는 퍼블릭 스페이스'라는 기존발상을 전환하여, '사용하기 때문에 좋은 퍼블릭 스페이스'의 시대로 변화했다"고 말한다.

행정과 지역 매니지먼트 단체, 이용자의 입장에서 본 사회실험

1. 행정의 입장에서 본 사회실험

사회실험은 행정이 소유한 도로, 광장, 공원, 하천공간 등을 자원으로 제공하고, 공적 물리공간 관리의 규제를 완화하고, 민간이 공공공간을 활용할 때의 문제점 유무를 실험적으로 확인하는 시도의 장이다. 장기적으로 봤을 때에는 도시재생과 지역의 활성화를 촉진하고자 하는 목적이 있고, 세수 증가가 기대된다.

이때, 행정이 유의할 것은 171쪽에 서술한 공공성, 공익성에 대한 논의로, 왜 그곳에서 지역 매니지먼트 단체 등이 사회실험을 하게 하는가라는 논의로 이어진다.

2. 민간 · 지역 매니지먼트 단체의 입장에서 본 사회실험

민간단체와 지역 매니지먼트 단체 측면에서는 공공이 준비한 자원과 공적 물리공간 관리의 규제완화를 활용하는 사회실험을 통해 지역재생을 도모하고, 지원가치를 향상시키고자 하는 생각이 반영되어 있다.

민간 · 지역 매니지먼트 단체는 사회실험을 실시함으로써 참가자와 주변 사람들과 방문객 등이 서로 납득할 수 있는 관계를 구축할 수 있는가, 즉 171쪽에서 서술한 지역에서 합의를 형성할 수 있는가라는 것이 큰 해결과제가 된다.

3. 이용자의 입장에서 본 사회실험

행정과 민간 · 지역 매니지먼트 단체 외에 이용자의 입장에서 공공공간 등의 편리한 사용과 좋고 나쁨을 인지할 수 있는 공간의 사용형태를 보는 것도 근본적으로 중요하다. 예를 들어, 전술한 이즈미야마 씨가 편집장으로 있는 웹 매거진 〈소토노바〉에 '외부 공간을 머무르는 공간으로, 더욱 좋은 공간으로!'를 슬로건으로 〈소토노바〉의 미래를 다음과 같이 그리고 있다.

머무르는 공간 퍼블릭 스페이스를 더욱 친근하고 사람들이 쉽게 머무르는 공간으로 한다.
즐겁다! 퍼블릭 스페이스를 즐겁고 재미있게 만들어 간다.
액티비티(활력) 퍼블릭 스페이스를 활동과 활력이 넘쳐나는 공간으로 가꾸어 간다.

(출처: 〈소토노바〉 홈페이지)

이러한 이용자 입장에서의 접근은 행정과 민간 · 지역 매니지먼트 단체가 잊어서는 안 될 중요한 관점이다. 왜냐하면 공공공간 등의 사회실험이 평가하는 한 가지는 그 공공공간 등에서 이루어지는 이용자의 액티비티(활력)를 평가하는 것으로 다른 것으로 대체할 수 없다.

공공과 민간의 연계 사회실험을 실시하는 의의

1. 이케부쿠로 그린 오도오리의 오픈 카페 사회실험

행정 주도로 이케부쿠로의 중심가로에서 오픈 카페 사회실험이 실시되었다. 2014년에 도시마구가 국가전력특구(국가전략도로 점용사업)로 도로점용특례의 활용을 고려하여, 2년 동안 3회의 사회실험을 실시하였다. 이즈미야마 씨에 따르면, 행정과 지역이 그린 오도오리의 미래상을 논의하다 보면 지역 사람들 중에는 자료와 말만으로는 이미지가 잘 떠오르지 않는다는 의견이 많다. 그러나 사회실험을 통해서 실제로 체험함으로써 이미지가 형성되고 내용을 이해하게 되는 경우가 많다. '사람이 공공공간을 실제로 활용하는 것은 어떤 것인지', 이를 사회실험을 통해서 보여주는 것은 지역 사람들의 합의 형성을 도모하는 데 중요하다.

또한, 이 사회실험에서는 보행자 통행량 그래프와 실제로 앉아 있는 사람 수를 계산한 체류시간 그래프를 만들어 통행량과 활동량을 비교하였다. 이에 따르면, 점심시간의 통행량이 많은 것과 관계없이 오픈 카페의 이용자는 감소하는 것을 알 수 있었다. 오픈 카페에 참가한 점포에서는 스파게티 등의 식사를 제공하였는데, 보건소의 지도에 따라 옥외로는 들고 나갈 수 없었기 때문에

사회실험 모습(출처: 이즈미야마 루이)

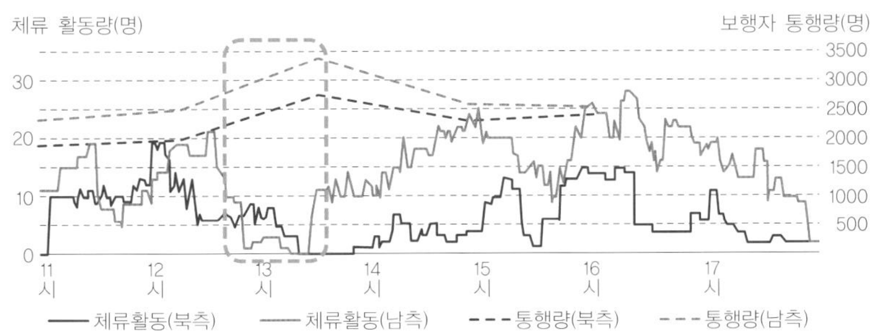

[그림 8] 이케부쿠로역 동쪽 출구 그린 오도오리 오픈 카페 사회실험 2014–15(출처: 〈인간중심시점에 의한 공공공간의 액티비티 평가수법에 관한 연구–이케부쿠로 역 동쪽 출구 그린 오도오리 오픈 카페 사회실험 2015년 춘기의 액티비티 조사를 중심으로–〉 이즈미야마 루이 · 나카노 다쿠 · 네모토 하루나, 《일본건축학회계획논문집81》(730), pp.2763–2773, 2016년 12월)

이용자가 감소했다.

원래는 보행자 통행량이 많으면 오픈 카페가 많이 이용될 것이라고 평가했지만, 실제로는 그 사이에 거의 이용되지 않았다. 이는 활동량 조사를 통한 검증의 필요성이 높은 것을 여실히 보여주고 있다([그림 8] 참조).

2. 미도스지 센니치마에 거리의 남부 모델 구간에서의 사회실험(미도스지 챌린지)

2017년 5월 11일, 미도스지가 폭원 6m의 도로에서 현재의 44m 도로가 된 지 80주년이 되었다. 2016년에 미도스지의 난카이난바

난바 서쪽 출구 교차점에서 난바 교차점 구간(약200m)의 측면도로를 폐지하고, 자전거와 보행자의 분리를 도모함과 동시에 보행자 구간을 확대하였다.

[그림 9] 미도스지 센니치마에 거리 남부 모델 구간에서의 사회실험(출처: 와다신지 〈일반사단법인 모리기념제단 제6회 도시비전 강연회 자료〉)

역 앞에서 센니치마에 가로 200m를 모델 구간으로 정하고 6m의 저속 차선을 재편하여 3m의 자전거 통로구간을 정비하고 보도를 확충하는 정비를 실시하였다(그림 9).

이 모델 구간의 이용형태를 검증하여 장래 미도스지 전 노선 4km를 어떻게 할 것인가를 검토하기 위한 사회실험이다. 80주년을 계기로 미도스지를 변화시키는 오사카의 상징으로 자리매김하고, 공공과 민간이 함께 '나아가야 할 미도스지의 모습'을 공유하여 '걷기 즐거운 마을 오사카'의 상징으로서 미도스지를 시민이 자부심을 갖도록 만들려는 것이다. 이를 위해 도시전략의 전

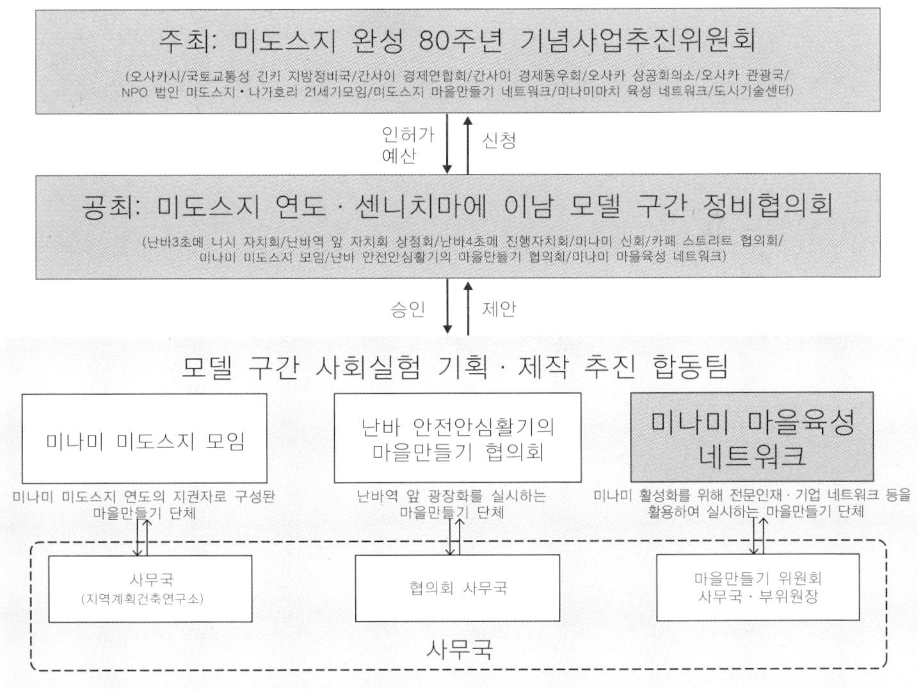

[그림 10] 미도스지 센니치마에 거리 남부 모델 구간에서의 사회실험 추진체제(출처: [그림 9]와 같음, 일부 변경)

환을 안팎으로 발신하고, 그 매력을 시민 자신이 실감할 수 있도록 하였다.

세계적인 도시에서는 '걷기 즐거운 마을만들기'를 지향하는 곳이 많다. 특히, 도시의 중심가로는 그 상징으로서 도시의 매력을 발산하고, 세계에서 사람들이 모이며, 시민도 이를 자랑거리고 생각하고 있다.

오사카의 중심가로인 미도스지를 단순한 통행공간에서, '매력 있는 머무르는 공간'으로 변화시키고자 하는 것이다. 미도스지의 교통량을 40년 전과 현재를 비교하면, 자동차는 40% 감소한다. 대신 자전거와 보행자가 늘어났다. 이러한 변화를 바탕으로 미도스지의 나아가야 할 모습을 새롭게 정립하였다.

사회실험 중에는, 자전거도로에는 플랜트를 두어 도로 폭을 2m로 좁혀 자전거의 매너 향상을 도모하였고, 보도에는 테이블과 벤치를 두어 키친카에서 카페, 마켓, 뮤직 이벤트를 실시하였다.

이 추진체제는 [그림 10]과 같다.

이러한 사회실험의 실시와 장래상을 공공과 민간의 연계를 통해 그리는 것에 큰 의의가 있다.

3. 삿포로오도오리 지구 사회실험(오픈 카페 등 사업)

사업주체는 삿포로오도오리 마을만들기 주식회사(도시재생 추진법인)다. 목적은 지역과 삿포로시, 도로관리자가 함께 활기를 창출해 도심의 매력 향상, 방치 자전거에 의한 도로교통환경과 지역경관문제 해결을 지향하는 것이다. 삿포로오도오리 지구의 보도에는 정비 예정인 노면전차 연신(루프화)을 계기로 가로를 따라서 상설 오픈 카페 · 매점을 설치함으로써 사람들의 체류공간을 형성하고, 활력 창출과 경관 향상을 도모하고 있다. 마을만들기에 재투자할 수익을 확보하려는 실증실험이다.

이를 위해서 도시재생 추진 법인에 의한 도시재생정비계획안의 제안제도, 도시편의 증진협정 및 도로점용허가의 특례제도를 활용하여 삿포로오도오리 지구의 국도 36호 보도부에 지정된 특례도로 점용구역에 식사 · 구매시설, 데크를 정비하여 2013년 8월 11일에 오픈하였다. 국도에서 '도로점용허가의 특례제도'를 활용한 경우는 전국에서 처음이었다. 효과는 이용자 설문조사, 교통량 조사, 점포 출점자를 대상으로 한 인터뷰 조사 등으로 측정되었다. 이것으로 활력 창출의 유효성, 자전거 주차장 등 교통환경의 과제

[그림 11] 삿포로시 '오도오리 스와로 테라스'(제공: 삿포로오도오리 마을만들기 주식회사)

해결을 위한 유효성, 경관에의 영향, 한 해 동안 활용하기 위한 사업성 등이 검증되었다.

공공과 민간의 연계체제 만들기

1. 공공과 민간의 연계 · 지원체제를 어떻게 구축할 것인가

지역 매니지먼트의 추진에서 큰 원동력은 공공과 민간의 연계체제다. 지역에 있는 다양한 공공공간 등을 활용하여 원활한 사업을 추진하는 데에는 기존의 행정제도와 지역 매니지먼트 단체의 힘만으로는 충분하지 않다. 국가와 지자체에 의한 인재 · 경제 면의 연계와 지원이 필요하다고 말할 수 있다. 특히, 행정창구의 일원화 등, 사회실험 등을 통해 밝혀진 지역 매니지먼트 단체와 지역의 특성, 시민의 행동을 고려하여 지역맞춤형으로 운용하는 것이 바람직하다. 또한 대도시를 중심으로 생겨나고 있는 지역 매니지먼트에 관한 공공과 민간의 연계체제를 참고하는 것도 유용하다.

2. 실험적 공간을 일상적으로 사용 가능한 공간으로

사회실험이 이벤트로 끝나지 않고 가설을 지닌 데이터를 통해 검증하고 반복하여 실시함으로써 다음 단계와 새로운 비전(바람직한 장래의 모습)으로 이어갈 필요가 있다.

공공공간 등을 폭넓게 활용하는 것과 동시에 다양한 입장(이용자, 사업자, 주변 관계자, 지역 매니지먼트 단체, 행정기관)에서 검증 항목을 늘려감으로써, 각각의 벽을 뛰어넘는 합의 형성과 깊이 있는 신뢰관계를 구축하게 된다. 그 결과, 보다 유연한 마을만들기를 실시하는 공공과 민간의 연계제체가 구축된다.

사회실험을 해 가며 운영하는 것을 반복하다 보면 마을만들기 담당인 지역 매니지먼트 단체와 행정이 마을만들기를 담당할 인재 육성의 장이 될 수도 있다. 동시에 실험적인 가설 공간을 시민이 일상적으로 사용할 수 있는 공간으로의 변화로 연결된다.

또한, 지역 매니지먼트 단체가 성립되기 위해서는 인건비와 관리비가 필요하고 그 재원을 확보하는 것이 필요하다. 동시에 지역에 대한 행정의 적극적인 관여도 필요로 한다.

한편, 공공공간 등이 실험적 공간을 거쳐 일상적으로 사용 가능한 공간으로 재탄생하는 과정에서 지역 사람들의 신뢰관계를 구축

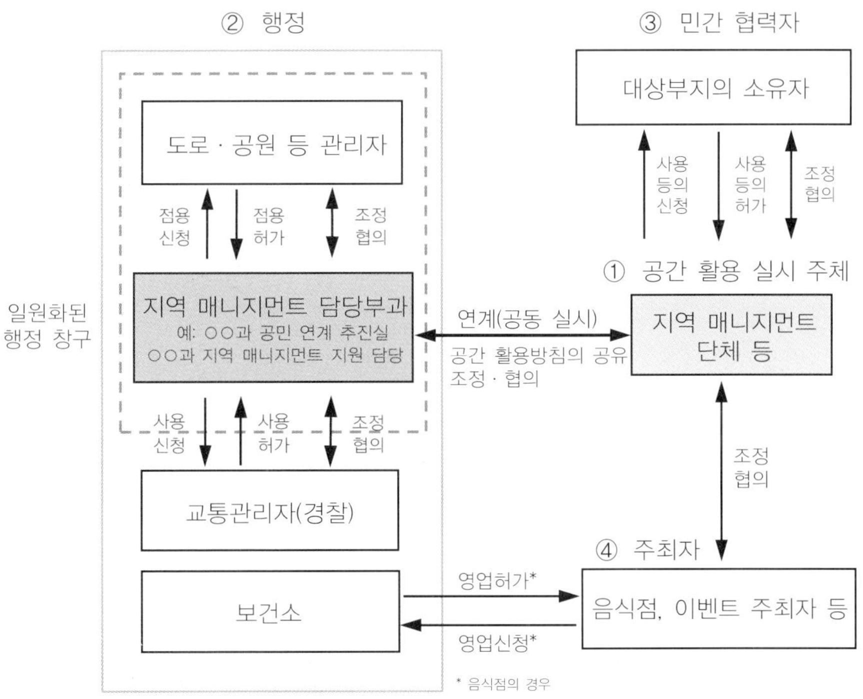

[그림 12] 지역 매니지먼트에서의 공공과 민간의 연계체제

할 수 있다. 사람들이 그 공간을 일상적으로 이용함으로써 지역의 이용자와 주민, 직장인과의 사이에 교류가 확장된다. 이러한 상황에 의해 지역의 매력과 가치가 향상된다.

3. 원활한 공공과 민간의 연계체제 구축을 위해

지역 매니지먼트 단체가 공공공간 등을 활용하기 쉬운 공간으로 만들 경우, 전술한 것과 같이 사회실험을 실시하는 것이 일반적이다. 이 경우에 바람직한 실시체제는 본격적인 운용을 바탕으로 이용자의 눈높이에 맞추어서 행정과 지역 매니지먼트 단체가 [그림 12]와 같이 연계하는 것이다. 행정 내부에서도 연계하여 지역 매니지먼트와 관련되는 대외적인 행정창구가 일원화되는 것이 바람직하다.

현실에서는 지역 사정에 따라 다양한 과제가 계속해서 발생된다. 실제로 잘 추진하고 있는 오사카 지역 매니지먼트 활성화회의

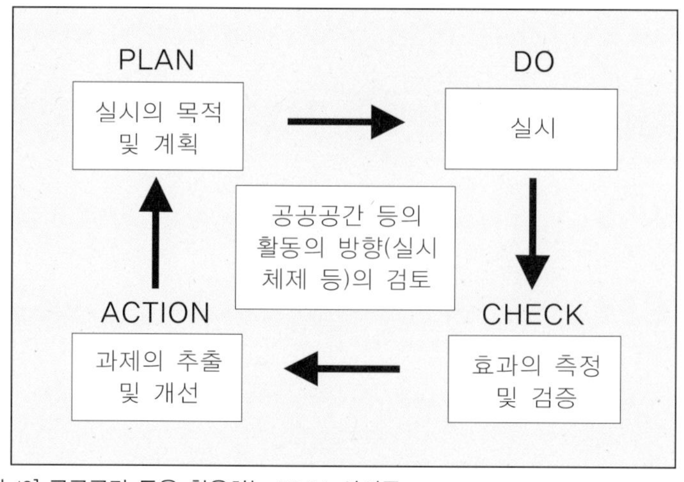

[그림 13] 공공공간 등을 활용하는 PDCA 사이클

(219–221쪽 참조) 등을 살펴보면, 사회실험의 PDCA 사이클의 각 단계에서 이상적인 연계체제를 만들기 위한 과제와 그 해결방법을 찾아가는 것이 중요하다. 이를 위해서는 지역 매니지먼트 단체와 관계 행정 · 기관이 중심이 되어 계속 협의해 나가는 것 또한 매우 중요하다([그림 13] 참조).

도쿄 미치 테라스 2017 마루노우치 교코 거리(2017년 12월 24일(일)-12월 28일(목))
(제공 : 도쿄 미치 테라스 2017 실행위원회)

전국의 지역 매니지먼트

신토라 거리

오사카시의 지역 매니지먼트 추진조직

다양한 단체와 광역연계조직

오사카시에는 많은 지역 매니지먼트 단체가 활동하고 있다. 활동범위는 조직적인 지역 매니지먼트 활동을 지향하는 단체에서부터 지역 마을만들기 활동을 발전시킨 단체까지 폭넓게 많은 조직이 있다.

활동장소도 새로운 개발이 진행되고 있는 그랜드 프론트와 우메다, 오사카 비즈니스파크 등의 업무지구를 시작으로, 옛날부터 비즈니스의 중심부인 센바 지구와 활력가인 미나미에서도 많은 단체가 활동하고 있다.

더욱이 각각의 지역에는 각종 단체를 통괄하는 광역연계조직이 있는 것도 특징이다. 우메다에서는 '우메다 지구 지역 매니지먼트 실천연락회', 센바에서는 '센바 겐키회', 미나미에서는 '미나미 마을육성 네트워크'라는 단체가 지역 연계를 추진하고 있다.

지역의 핵심인 수변과 미도스지

오사카는 에도시대부터 상인의 마을로 발달해 왔기 때문에 도쿄의 옛 무사마을(武家地)처럼 중심지에는 공공공간에 전용할 수 있는 큰 넓이의 토지가 적었다. 하지만 '팔백팔교(八百八橋)'로 불린 오사카에는 많은 다리와 운하라는 자산이 있다. 고도성장기 이후 매립이 추진되어 운하는 감소했지만, 최근에는 수변을 재평가하여 도시 안의 공공공간으로 새롭게 이용하려는 움직임이 보인다. 나카노시마의 오픈 테라스, 기타하마 테라스 등에서는 교토의 가와도코(川床)와 같은 수변을 이용한 매력적인 공간을 조성하였다. 또, 도톤보리에서는 산책을 즐길 수 있는 우드데크 산책길 '도톤보리 리버워크'가 2004년에 정비되었다. 도톤보리에는 크루즈 보트도 다니고 있어 수면에 비치는 야경이 아름다운 나이트 크루즈가 인기다.

게다가 오사카를 대표하는 거리인 '미도스지'의 공간을 효과 있게 이용하려는 시도도 있다. 1937년에 개통한 미도스지에는 해당 도로 양측에 가로수 사이로 손수레 등이 통행하는 저속차도가 설치되어 있다. 현재, 손수레는 거의 통행하지 않지만, 미도스지의 자동차 교통량도 40년 전보다 40% 정도 감소했다. 따라서 저속차도를 보행자공간과 자전거도로로 전환하려는 움직임이 진행 중이다. 2013년에 시행한 사회실험 결과를 통해 2016년에 모델구간이 정비되었다. 이러한 수변과 미도스지의 귀중한 공공공간의 이용과 활용도 지역 매니지먼트의 주요 활동인 것이 오사카의 특징이다.

오사카 지역 매니지먼트 활성화회의

오사카시는 2017년에 오사카 지역 매니지먼트 활성화회의를 설립하였다. 시내 각 지역에서 활동하고 있는 지역 매니지먼트 단체와 오사카시가 협력하여 함께 매력을 만들어가려는 모임이다. 해당 모임은 오사카역 주변, 나카노시마, 미도스지의 지역 매니지먼트 단체와 오사카시가 교류하면서 각 지역의 미래상과 브랜드를 설정하고, 오사카시로서의 브랜드 콘셉트를 통일하여 미도스지의 공공공간을 활용하면서 활기 창출을 지향하고 있다. 더욱이 지역 매니지먼트 단체가 안고 있는 과제에 대한 해결책을 찾으려는 모임이기도 하다. 활성화회의에서는 2019년을 시점으로 〈오사카 지역 매니지먼트 활성화 가이드라인〉을 만드는 것을 목표로 하고 있다.

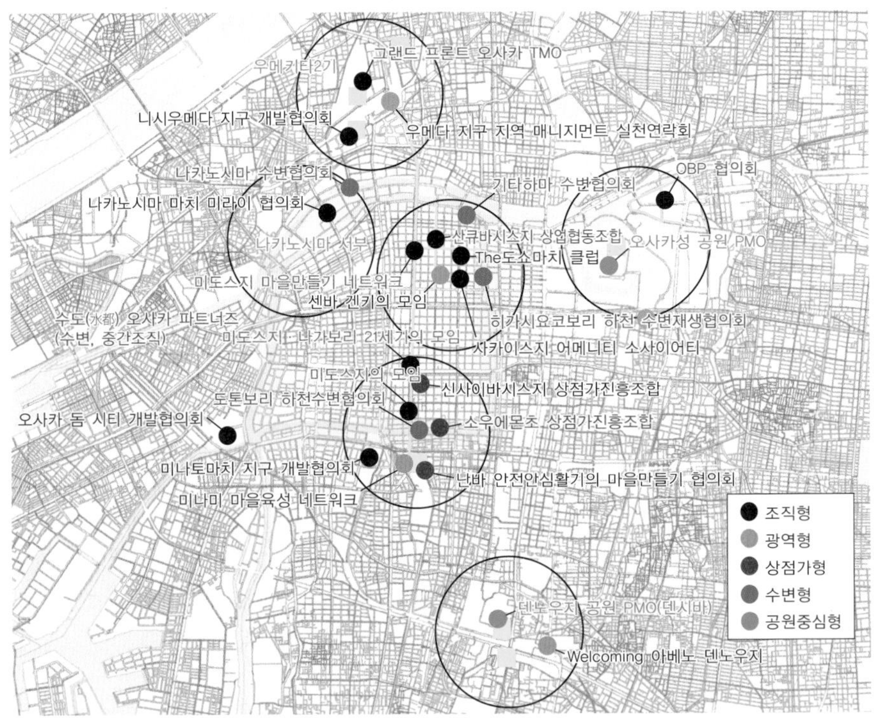

[그림 1] 오사카시의 지역 매니지먼트 단체와 공공공간(노란색)(출처: 각종 자료를 바탕으로 가나코 이치가 작성)

[그림 2] 기타하마 테라스(제공: 기타하마 수변협의회)

[그림 3] 미도스지에 설치된 자전거도로(제공: 가나코이치)

[그림 4] 돈보리 리버워크(제공: 오사카시 자료)

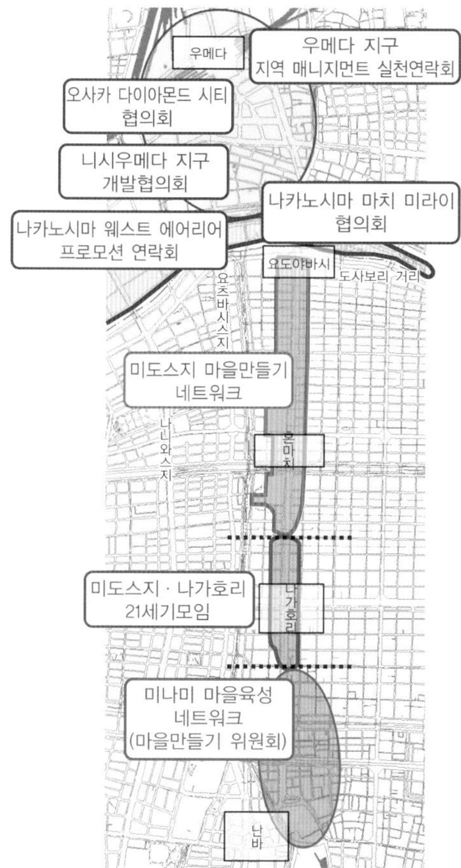

[그림 5] 오사카 지역 매니지먼트 활성화회의의 회원조직(출처: 오사카시 자료)

[그림 6] 그랜드 프론트 오사카: 우메키타 광장(제공: [그림 3]과 동일)

[그림 7] 나카노시마 공원(제공: [그림 3]과 동일)

2

힐즈 마을교육 프로젝트

힐즈 마을교육 프로젝트란

'힐즈 마을교육 프로젝트'는 롯폰기 힐즈와 아크 힐즈 등을 학습의 장으로 제공하여 지역 사람들과 미래를 담당하는 어린이들이 실제로 여러 체험을 통해 다양한 것을 배우는 체험형 프로그램이다. 모리 빌딩이 실시하고 있는 마을만들기의 노하우를 활용하여 재미있게 도시에 대해서 함께 생각하려는 시도다.

2007년에 시작한 힐즈 마을교육 프로젝트는 2017년까지 10년 동안 총 370회 투어, 7000명 이상의 어린이들이 참가하였다. '안전', '환경', '문화'라는 세 가지 주제를 가지고 매년 봄부터 가을에 걸쳐 다양한 프로그램을 기획하여 많은 어린이가 체험하고 있다.

강의 · 견학 · 워크숍[1)]

투어 대부분은 초등학생을 대상으로 하고 있고, 강의 · 견학 · 워크숍으로 구성되어 있다. 2017년 여름에는 모두 6종류, 총 50회의 투어가 진행되었다. '안전', '환경', '문화'라는 주제에 따라 대표적인 투어를 소개한다.

'안전과 안심의 비밀탐험 투어'는 재해에 강한 롯폰기 힐즈에서 안전 · 안심의 마을만들기에 대해서 생각하는 투어다. 평소에는 볼 수 없는 '지진제어장치', '방재센터', '비축창고' 등의 방재설비를 탐험하여 사람과 마을을 재해로부터 지키는 비밀을 찾는 투어다. '예술과 문화의 비밀탐험 투어'는 '문화 도심'을 콘셉트로 만들어진 롯폰기 힐즈에서 '마을만들기에는 어째서 문화가 빠질 수 없는 것일까'를 즐기면

[그림 1] 도시 모형에서 새의 시선과 사람의 시선을 체험(제공: 모리 빌딩 주식회사)

[그림 2] 롯폰기 힐즈 옥상정원에서 환경 관련 활동을 강의(제공: [그림 1]과 동일)

서 배우는 투어다. 모리 미술관에서 개최 중인 전람회를 미술관 직원의 해설과 함께 감상한다.

지역 초등학교로의 출장 수업[2)]

2015년부터는 지역 초등학교를 중심으로 마을만들기에 대해서 생각하는 출장 수업을 진행하고 있다. 출장 수업에서는 마을교육 프로젝트인 '마을만들기 비밀탐험 투어'에서 실시하고 있는 워크숍을 바탕으로 초등학교 학습지도요령에 맞춰 초등학교 측의 요구와 학년에 따라 내용을 변경하고 있고, 구체적인 마을만들기를 모의 체험할 수 있는 프로그램으로 진행하고 있다.

일반공모에 의한 프로그램의 시행만이 아니라 근처 초등학교 수업의 일환으로 힐즈 마을교육 프로젝트를 활용하여 지역 커뮤니티의 육성과 어린이의 변함없는 체험 학습에도 공헌하고 있다.

1) 힐즈 마을교육 프로젝트의 개요와 지금까지의 리포트는 모리 빌딩 주식회사의 홈페이지(힐즈 마을교육 프로젝트)에 게재되어 있다.
2) 출장 수업은 도쿄도 미나토구 교육위원회가 추진하는 '학교지원 자원봉사제도'에 등록되어 있다. 학교지원 자원봉사제도는 기업이 초등학교 수업의 일환으로 프로그램을 제공하는 것인데, 어린이들이 풍부한 체험과 실제를 경험하는 귀중한 기회로서 사업이 확충되고 있다.

[그림 3] 롯폰기 힐즈 게야키 언덕의 스트리트 퍼니처를 견학(제공: [그림 1]과 동일)

[그림 5] 지역 초등학교로의 출장 수업(1)(제공: [그림 1]과 동일)

[그림 4] 비축창고에서 안전 관련 활동을 강의(제공: [그림 1]과 동일)

[그림 6] 지역 초등학교로의 출장 수업(2)(제공: [그림 1]과 동일)

3

치 · 카 · 호(삿포로역 지하 보행공간)

이벤트도 쇼핑도 즐길 수 있는 공간

JR 삿포로역에서 지하철 오도오리역을 연결하는 도로인 역 앞 도로의 지하에는 2011년에 완성한 치 · 카 · 호로 불리는 멋있는 공간이 펼쳐져 있다. 중심부분은 보행자통로지만, 기둥 옆에서부터 벽까지의 공간에는 예술작품이 전시되거나 점포가 설치된다. 천창으로부터 외부 빛과 경치를 볼 수 있고, 액정 모니터가 있는 광장은 콘서트가 개최되기도 한다. 편하게 쉴 수 있는 의자와 테이블도 있어서 친구들과 담화를 나누는 여성들과 스마트폰을 만지고 있는 젊은이들까지 많은 사람이 이용하고 있다. 11월이 되면 눈이 내리기 시작하는 삿포로에서 눈이 없어지는 4월까지 치 · 카 · 호는 삿포로역과 오도오리역 사이를 추위와 눈에 상관없이 걸을 수 있는 통로로 많은 사람이 이용하고 있다. 삿포로시에 의하면 2011년 치 · 카 · 호가 완성되어 치 · 카 · 호를 포함한 역 앞 도로의 통행자 수는 5년간 2.3배 증가하여 2015년에는 평일 하루마다 지상과 지하를 합쳐서 8만 5000명이 통행하고 있다. 하지만 치 · 카 · 호에는 단순한 보행자통로에 그치지 않으려는 노력이 숨겨져 있다.

지하도를 광장으로 만든 노력

치 · 카 · 호에는 보행자가 걷는 중심 통로 부분이 12m 있고 그 옆에는 휴식공간이 4m씩 설치되어 있다. 더욱이 주변 빌딩과 연결되는 부분이 접속공간으로 넓게 조성된 곳도 있다. 삿포로시는 휴식공간과 접속공간을 광장으로 사용할 수 있는 조례를 제정하였다. 같은 공간으로 보이지만 도로 쪽에 해당하는 부분을 사용하려면 소유자와 관리자, 경찰의 허가가 필요하다. 광장으로 지정함으로써 여러 절차를 줄여 간단하게 이용할 수 있도록 하였다.

치 · 카 · 호에서는 광장이 된 공간을 적극적으로 이용하기 위해 역 앞 도로와 관계 있는 기업, 삿포로 상공회의소, 삿포로

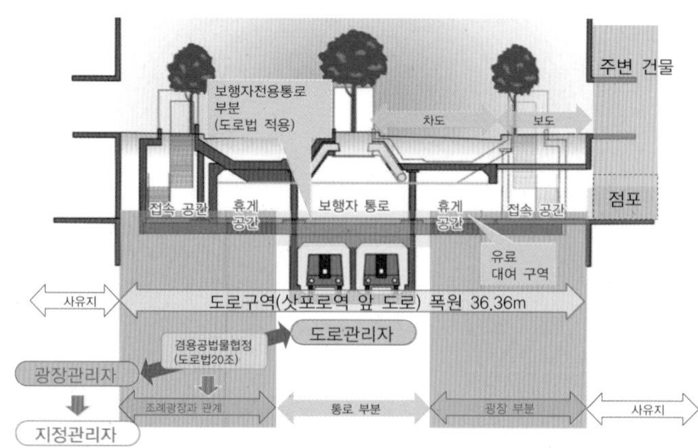

[그림 1] 치 · 카 · 호의 일부는 광장으로 지정되어 있다(삿포로역 앞 도로 마을만들기 주식회사 자료를 바탕으로 작성)

시 등이 지역 매니지먼트 단체인 삿포로역 앞 도로 마을만들기 주식회사를 2011년에 설립하였다. 마을만들기 회사는 광장이 이벤트와 쇼핑에 이용되도록 담당창구로서 적극적으로 활용을 추진하면서 동시에 스스로 많은 이벤트를 기획하고 있다.

개성적인 기획과 예술

연 6회 개최되는 크라시에kurache는 홋카이도 · 삿포로의 매력 있는 라이프 스타일과 생활의 장면을 치 · 카 · 호로부터 제안하기 위해서 마을만들기 회사가 기획, 개최한 마르셰다. 매회 주제를 정해 전시방법과 디스플레이 디자인까지 신경을 쓰고 있다. 테이블과 기자재, 스태프의 앞치마도 빌려 주고 있어 개성 있는 출점자를 찾아서 개최하고 있다.

2017년 12월의 크라시에에서는 '생각을 담는다'라는 주제였다. 손으로 만든 액세서리나 니트를 판매하는 점포, 커피점, 케이크와 전통과자점, 잡화점 등 홋카이도 내에서 평판 좋은 점포들이 출점하여 크리스마스 화환을 만드는 워크숍도 개최하였다.

예술을 적극적으로 도입하고 있는 것도 치 · 카 · 호의 특색이다. 마을만들기 회사가 주최하는 PARCPublic Art Research Center에서는 지금까지 7회의 프로그램을 개최하였다. 전시뿐만 아니라 누구든지 참가할 수 있는 워크숍을 개최하는 등, 의욕적으로 새로운 시도를 계속하고 있다.

치 · 카 · 호는 매년 가을에 개최되는 삿포로 아트 스테이지의 회장으로 이용되고 있다. 유명한 작가의 작품뿐만 아니라 시내의 고교 미술부의 학생들이 고객 앞에서 작품을 제작하는 스쿨 아트 라이브는 삿포로 시민으로부터 반응이 뜨거워 2017년에는 6개 학교가 참가하였다. 매년 많은 사람이 치 · 카 · 호를 이용하기 때문에 아트 이벤트는 삿포로 지역에 큰 자극을 주고 있다.

치 · 카 · 호는 쾌적하게 걸을 수 있는 공간, 날씨에 상관없는 이벤트 공간으로 높이 평가받고 있고, 광장의 가동률은 연간 90%를 넘는다. 삿포로시에서 단순한 지하 통로를 넘어선 활기가 끊이지 않는 장소가 되어가고 있다.

[그림 2] 치 · 카 · 호에서 정기적으로 개최되는 크라시에(제공: 삿포로역 앞 도로 마을만들기 주식회사)

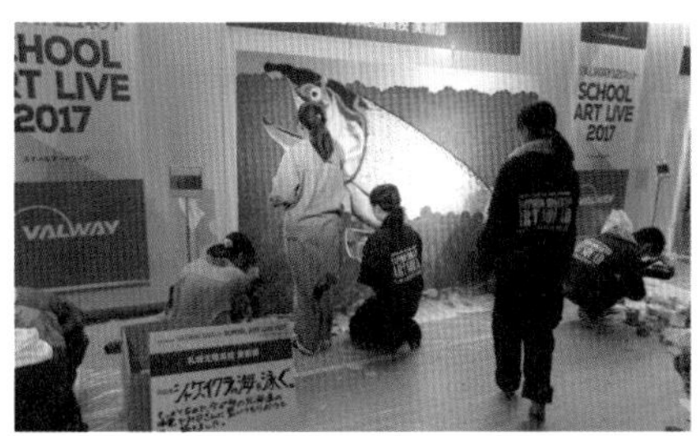

[그림 3] 지역 고교생의 발표장인 스쿨 아트 라이브

4

다이마루유 지구의 지역 매니지먼트와 공공공간 활용절차

마을 전체의 활동을 목표로 한 다이마루유

지역 매니지먼트 활동의 선진사례라 말할 수 있는 다이마루유 지구에서는 예전부터 해 오던 지역이 하나가 되어 더 좋은 마을을 만들어 가려는 시도가 현재 활동까지 이어졌다.

마루노우치에서는 재개발을 추진하면서 지역의 미래상을 모두 함께 생각해 비전을 만들려는 토지소유자가 모여 1988년에 마을만들기 협의회를 설립하였다. 나아가, 해당 지역의 행정기관인 치요다구, 도쿄도, 그리고 도쿄역을 관리하는 JR동일본과 함께 마을만들기 간담회를 1996년에 만들어 마루노우치의 재구축, 재개발을 향한 비전을 모두와 함께 공유하게 되었다. 2000년에는 구체적인 지침이 될 마을만들기 가이드라인이 수립되어 현재까지 여러 번 개정되었다. 2002년에는 지역을 만드는 단계에서부터 고려해야 하기 때문에 다이마루유 지역 매니지먼트 협회(리가레)가 설립되어 가이드라인을 바탕으로 다양한 지역 매니지먼트 활동을 하고 있다.

뛰어난 입지와 도로환경

현재, 다이마루유 지구는 구역면적 약 120ha, 약 80개사의 토지권리자가 있고, 빌딩은 약 100동이 있다. 도쿄의 현관으로서 교통의 중요한 결절점인 도쿄역, 그리고 일본의 중심으로서 황궁을 연결하는 교코 거리를 시작으로 넓은 도로망이 지역에 존재해 있다.

지금까지도 다이마루유 지구 안에 도로와 공공공간 등을 사용한 이벤트가 실시되고 있다. 1999년부터 개최되었던 도쿄 미레나리오, 2001년에는 이탈리아 소개사업의 일환으로 교코 거리를 사용한 대규모 전야제가, 2007년에는 도쿄올림픽 유치를 위해서 나카 거리에서 스포츠 이벤트가 개최되었다.

단, 이러한 이벤트는 일시적인 것으로 가이드라인이 목표로 하는 지역의 활기와 발전을 생각한다면 부족한 감이 있었다. 뛰어난 입지조건, 완성된 도로망 등, 많은 이점을 살리기 위해서도 마을만들기를 소프트웨어 면에서부터 더욱 추진해야 한다는 의견도 있다. 도로도 평상시에도 이용하기 위한 노력이 진행되고 있다.

특구 지정을 계기로 이용절차를 정리하다

2015년에는 국가전략특구로서 마루노우치의 나카 거리와 교코 거리 등이 지정되어 도로를 이용하여 활기를 창출하는 사업이 인정받게 되었다. 더욱이 같은 해 7월, 그때까지 평일 점심시간의 1시간만 차량통행을 규제하던 나카 거리를 평일은 오전 11시부터 오후 3시까지, 휴일에는 오전 11시부터 오후 5시까지 보행자전용공간으로 이용할 수 있게 되었다. 이것을 계기로 사회실험의 모델 사업으로 도로공간의 활용을 더욱 적극적으로 추진하는 활동이 시작되었다. '마루노우치 어번테라스'로 시작된 이 시도에서는 의자와 테이블을 두어 차량이동식 점포가 매일 출점하여 많은 사람이 지역공간과 활기를 즐겼다. 나카 거리에서는 그 외 체조와 줄다리기대회 등이 개최되고, 교코 거리에서는 일본을 홍보하는 투어리즘 엑스포의 개막식인 재팬 나이트와 클래식 콘서트 등 대규모 이벤트도 개최되었다.

모델 사업은 설문조사, 활동조사 등을 실시하여 공적 공간 활용위원회가 검토하였다. 그 결과, 본격적인 이용을 추진하기 위해서는 규정을 정할 필요가 있다는 의견이 모여 다이마루유 마을만들기 간담회에서 〈도로공간 활용안내〉가 2017년에 만들어졌다. 더욱이, 거리마다 상세한 매뉴얼을 정리한 이용 가이드도 2017년에 수립되었다.

매뉴얼은 사회실험에서 들어온 많은 문의에 대답하기 위해 정리한 것으로, 신청에서부터 개최까지의 필요한 서류와 신청 단체까지 자세하게 정리되어 있다. 지금까지는 도로에서 이벤트를 실시하려면 어떻게 해야 하는지, 어디서 신청해야 하는지 직접 알아볼 수밖에 없었지만 이러한 안내서와 매뉴얼이 생기면서 매우 알기 쉬워졌다.

활용관계자의 정보공유 자리를 만들다

실제 활용에서는 관계부처를 돌면서 다양한 인허가를 받아야 했지만 그러한 신청 절차를 원활하게 처리하기 위한 시도가 시작되고 있다. 다이마루유에서는 도쿄도, 치요다구, 경시청 등 도로 활용에 관련 있는 관계자가 모여 과거의 이벤트 사례를 보고하여 경험을 공유하는 '도로공간 활용 관계자회의'가 2017년에 설립되어 반년에 한 번씩 개최하게 되었다. 잘된 사례와 문제점 등, 과거 사례를 공유함으로써 새로운 이벤트가 원활하게 개최될 것으로 기대된다. 이러한 준비를 통해 2017년 이후에는 도로공간 이용이 지속해서 실시되고 있다.

[그림 1] 이용절차를 정리한 매뉴얼을 작성(제공: 리가레)

5

도요타시 중심시가지의 공공공간 활용

역 앞 재개발 빌딩의 백화점 철수를 계기로

아이치현 북동부에 위치한 도요타시는 세계적인 기업, 도요타 자동차의 본사가 있는 것으로 알려진 지방의 중심도시다. 2005년에 지자체가 통합되어 행정면적은 아이치현에서 제일 크고, 인구는 아이치현에서 두 번째로 큰 도시다. 추쿄권(中京圈)의 중심도시인 나고야시와는 메이테츠선과 연결되어 도요타시역 주변은 중심시가지로 재개발이 진행되고 있었다. 하지만 역 앞의 재개발 빌딩에 입주해 있던 도요타소고 백화점이 2000년에 폐점하였다. 도요타시는 역 앞 상업기능을 지키기 위해 TMO 법인 도요타 마을만들기 주식회사를 설립하여 중심시가지 활성화를 위한 마을만들기를 추진하려 노력하기 시작하였다.

아소베루 도요타 프로젝트

2017년에 도요타 상공회의소, 도요타 마을만들기 주식회사에 의해 일반사단법인 TCCM(도요타 시티 센터 매니지먼트)가 설립되었다. TCCM은 마을의 가치를 유지, 향상하는 마을만들기 사업과 마을의 활기와 재미의 창조, 매력을 발산하는 프로모션 사업을 추진하면서 지역 매니지먼트를 진행하고 있다. 그중에서도 '아소베루 도요타'라는 프로젝트는 도요타시와 함께 중심시가지에 있는 공공공간 등을 적극적으로 활용하려는 프로젝트다. 도요타시에서는 재개발사업을 진행하여 열린 공간을 완성하였지만 아쉽게도 언제나 활기 있는 장소는 아니었다. 그러한 장소를 모두의 지혜와 아이디어로 활용하려 하고 있다.

역 앞 보행자 데크에서의 실험

먼저 실험으로 선정된 것은 보행자 데크였다. 도요타시에는 역이 두 개 있는데, 그 사이를 연결하는 보행자 데크는 매일 2만 명이 넘는 시민이 지나다닌다. 하지만 그 사람들이 지역을 배회하거나 한곳에 멈춰서 시간을 보내거나 하는 경우는 적고 그냥 전철을 타고 가 버리기 때문에 보행자 데크는 쓸데없이 넓게 느껴지는 장소였다. 그래서 도요타시의 협력을 받아, 데크의 일부를 보도에서 광장으로 변경하여 활기와 휴식의 장소로 이용할 수는 없을지, 카페와 맥주 가든으로 사용할 수는 없을지 2015년부터 2016년에 걸쳐 실험을 하였다. 또, 여름휴가철에는 전통 단체춤도 개최되었다. 이러한 실험을 통해서 도요타시는 노력하면 공공공간 등을 즐겁게 사용할 수 있다는 것을 확인할 수 있었다.

중심시가지의 공공공간 등을 이용하기 쉽게

아소베루 도요타 프로젝트에서는 실험을 통해 단발적인 이벤트에서 일상적으로 많이 이용되는 장소가 되도록 단계를 밟아

[그림 1] 보행자 데크에 출점한 카페(제공: 도요타시)

나갔다. 지금까지는 광장을 사용한다고 해도 누구에게 말해야 하는지 알기 어려웠다. 그래서 아소베루 도요타 추진협의회를 만들어 홈페이지를 만들었다. 해당 홈페이지에서 어느 광장을 이용할 수 있는지 어떤 이용방법이 가능한지, 언제 비어 있는지, 얼마에 이용할 수 있는지, 모든 것을 알 수 있게 되어 있다. 사용하고 싶은 사람은 추진협의회 사무국에 상담한 후에 '자유자재 활용 강좌'를 듣게 하여 규정과 절차를 알게 한 후에 실제로 이용하도록 하고 있다.

보행자 데크에서는 2017년부터 맥주도 마실 수 있는 카페가 매일 출점하고, 여름에는 2016년에 이어서 전통 단체춤 대회가 개최되었다. 또한, 11월에는 '아소베루 도요타 4DAYS'로 보행자 데크와 중심시가지 광장을 사용하여 많은 이벤트가 개최되었다.

그 외, TCCM에서는 도요타시의 사쿠라조시 공원을 활용한 'STREET & PARK MARKET'이라는 시장을 개최하였다. 매월 세 번째 토요일에 열리는 시장은 약 50-100개의 개성적인 점포가 참가하여 방문객은 1200명 정도로 인기 있는 이벤트가 되었다. 시장 출점에 대해서는 홈페이지에서 자세한 정보를 확인할 수 있어 인터넷 상에서 응모할 수 있게 되었다. 또한, 도요타시 미술관의 정원을 이용하여 'MUSEUM MARKET'을 미술관의 기획전에 맞춰서 1년에 수회 개최하고 있다. 아름다운 정원에 멋진 점포와 카페가 참가하기 때문에 매회 약 2000명이 방문하고 있다.

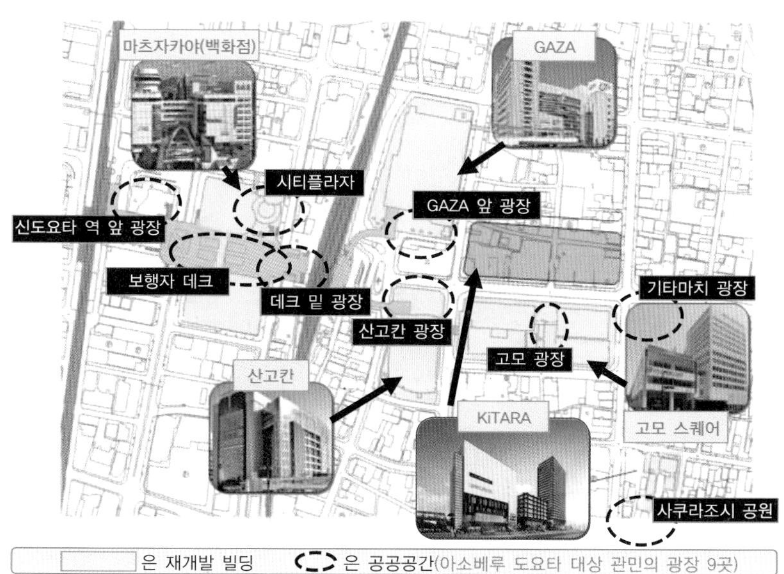

[그림 2] 아소베루 도요타 프로젝트의 대상공간(일반사단법인 TCCM 자료를 바탕으로 작성)

6

신토라 거리와 도로 활용

도쿄의 새로운 간선도로 신토라 거리

긴 시간 동안 건설되지 않고 있던 도쿄의 주요 간선도로, 환상 2호선의 신바시-도라노몬 구간은 2014년에 완성된 도라노몬 힐즈의 건설과 함께 재개발사업으로 정비되었다. 환상 2호선은 매립지인 고토구 아리아케부터 추오구, 미나토구를 지나 아키하바라역의 남측을 종점으로 하는 총거리 약 14㎞의 도시계획도로다. 완성하면 도쿄 임해부와 내륙부를 연결하는 대동맥이 된다. 또 2020년의 올림픽에서는 국립경기장과 하루미의 선수촌과 도쿄베이 지역의 올림픽 경기장을 연결하는 중요한 도로가 될 예정이다. 2014년에 완성된 신바시, 도라노몬 사이의 환상 2호선은 지하에 터널을 뚫어 지상부와 이중 도로로 되어 있다. 그중 지상 부분은 '신토라 거리'라고 이름 지었다. 지상부의 보도는 13m 폭으로 되어 있어 하라주쿠 오모테산도의 보도보다 더 넓게 조성되었다.

활기 있는 도로로 만드는 노력

신토라 거리는 도로 주변 일대가 '도쿄의 세련된 가로경관 만들기 추진조례'에 근거한 마을경관 재생지구에 지정되어 있어 도쿄를 대표하는 지역이 될 것으로 기대되고 있다.

그리고 광고탑과 간판, 음식점, 판매시설, 휴게소, 공유 자전거 시설 등, 지역활기를 창출하는 데 필요한 시설을 도(都)가 관리하는 도로 위에 설치할 수 있도록 하는 프로젝트가 추진되고 있다. 일본에서는 마음대로 노상에 테이블과 의자를 설치하는 것이 허가되지 않지만, 프로젝트에서는 규제를 완화하여 일정 조건을 기준으로 인정하게 되었다.

신토라 거리에서는 도로 주변의 토지권리자 등이 거리 개통에 맞춰서 2014년에 '신토라 거리 지역 매니지먼트 협의회'를 설립하여, 도로점용의 신청절차와 오픈 카페의 관리를 담당하게 되었다. 2015년에는 지역 매니지먼트 활동을 추진하는 데 필요한 행정과 출점자 등과의 대외조정을 하기 쉽도록 '일반사단법인 신토라 거리 지역 매니지먼트'를 설립하여 협의회와 연계하면서 지역 매니지먼트 활동을 진행하고 있다. 일반사단법인 설립 후, 지역사람들과 함께 지역의 미래상을 그리기 위한 워크숍을 개최하여 2016년 3월에 지역이 목표로 하는 지역의 방향성을 '지역 비전'으로 수립하였다.

이벤트 개최

2016년 7월에는 협의회와 사단법인이 함께 개최하여 신토라 거리를 사용한 첫 이벤트인 '신토라 물 뿌리기 대작전'을 개최했다. 물 뿌리기 대작전은 2003년부터 제창되어 온 것으로 도심부에서 문제가 되는 열섬현상을 예전부터 물 뿌리기로 완화하려는 시도다. 신토라 물 뿌리기 대작전은 2016년의 여름에 전국에서 개최되는 물 뿌리기 대작전의 개막 이벤트가 되어 대회장이 된 도라노몬 힐즈에서 신토라 거리의 보도까지 많은 참가자가 물 뿌리기를 즐겼다.

2016년 10월에는 리우 올림픽 · 패럴림

픽 일본 대표선수단 합동 퍼레이드가 개최되었다. 퍼레이드 실행위원회에게 제안을 받아 신토라 거리 지역 매니지먼트는 지역에 알리면서 협력을 구해 거리를 사용한 이벤트로 개최되었다. 당일은 날씨도 좋아서 출발식에서는 약 1만 2000명의 관객이 선수들을 지켜봤다.

2016년 11월에는 '도쿄 신토라 축제'가 열렸다. 이는 도쿄도가 주최한 것으로 조직한 실행위원회 중에 사단법인도 들어가는 형태로 개최되었다. 도쿄 신토라 축제는 동북지역의 부흥과 진혼, 그리고 일본 콘텐츠를 해외에 발신하는 것을 목적으로 도쿄가 지방에 공헌한다는 의미를 담아 개최되었다. 신토라 거리를 봉쇄하여 개최된 동북육혼제(東北六魂祭) 퍼레이드, 도라노몬 힐즈에서의 각종 이벤트, 그리고 미나토구의 미나미사쿠라 공원 세 곳을 합해 총 3만 명이 방문했다. 주 이벤트인 동북육혼제 퍼레이드에서는 거리 양측에 관객석이 설치되어 거대한 스테이지가 된 신토라 거리는 출연자들의 혼신의 연기와 열기에 휩싸여 많은 관객이 매료되었다.

일본을 발신하는 일상의 시도

도라노몬 힐즈에 접해 있는 신토라 거리의 넓은 보도에는 카페의 테이블과 의자가 놓여 있다. 이 카페와 옆 점포, 그리고 네 곳의 전면 유리의 입석 점포에서는 '여행하는 신토라 마켓'이라는 활동이 2017년도에 실시되었다. 이것은 단기간의 이벤트가 아니라 도로 안의 허가받은 시설을 이용하여 일상적인 활기를 창출하려는 것이다. 주최는 전국의 570개가 넘는 지자체가 가맹해 있는 '2020년 도쿄 올림픽 · 패럴림픽을 활용한 지역활성화추진 수장연회'다.

여행하는 신토라 마켓에서는 3개월마다 지자체가 바뀌어 일본 전국의 매력적인 음식과 우수상품을 소개하며 실연과 워크숍을 통해 지자체 정보를 알리고 있다. 현재는 여행하는 신토라 마켓에 더해 도로 주변의 음식점 네 곳이 신토라 거리에 오픈테라스를 열고 있다. 신토라 거리에는 산책뿐만 아니라 식사와 쇼핑을 즐기거나 쉴 수 있는 장소가 늘어나고 있다.

신토라 거리에서는 거리가 뛰어난 경관을 조성하기 위해 통일된 디자인을 추구하는 활동도 새롭게 시작되고 있다. 앞으로 새로운 건물이 건설될 때는 함께 협의해 도로 주변 건물과 옥외광고물을 신토라 거리에 어울리게 하려는 활동이다.

[그림 1] 리오 올림픽 · 패럴림픽 선수단 퍼레이드(제공: 모리 빌딩 주식회사)

[그림 2] 여행하는 신토라 마켓(제공: Kenta Hasegawa)

7

난바 광장 개조계획

오사카 남쪽의 관문, 난카이난바역

난카이난바역은 오사카를 대표하는 번화가 미나미의 관문이다. 오사카를 남북으로 관통하는 중심가로 미도스지의 남단부에 위치하여 주변에는 고급상업의 중심지인 신사이바시, 시대와 함께 계속 변화한 전기상가인 덴덴타운, 그 외 도톤보리, 구로몬 시장, 호젠지요코초 등 여러 개성 있는 상점가가 있다. 게다가 풍성한 녹지가 있는 난바 파크와 거대 호텔, 백화점 등이 역 주변에 우뚝 솟아 있어 세계적으로도 보기 힘든 도심부다. 또한, 여기는 난카이 전철이 간사이 국제공항과 직결해 있어서 해외에서 온 방문객이 일본에서 처음으로 내리는 대도시의 중추라고 할 수 있다. 특히 최근에 해외에서 온 관광객이 증가하여 더욱 활기가 넘치고 있다. 하지만 난바역 주변에는 광장 같이 여유를 느낄 만한 공간이 적다. 해외 방문객이 쉴 만한 장소가 있다면 더 좋은 인상을 남길 수 있겠지만, 현재는 혼잡과 혼란이 큰 과제다.

지역에서 시작된 역 주변의 개량 움직임

이러한 상황을 개선하려고 10년 전부터 지역의 난산 거리 상점가에서 보행자 몰로 조성할 수 없는지 의견이 나왔다. 그 이후, 지역에서는 논의가 계속되어 2008년에는 지역 주민단체, 상점가, 기업 등이 역 앞 정비를 검토하기 시작하여 2011년에는 27단체가 참가하는 '난바 안전안심 활기의 마을만들기 협의회'를 발족했다. 자체적으로 교통량을 조사하여 경찰과 협의도 하는 등 행정과 함께 노력하기 시작했다. 2015년 4월에는 구체적인 제안과 요청서를 시장에게 제출하는 등 정식으로 공공과 민간이 협동해 검토하기 시작해 2016년 11월에 사회실험을 하게 되었다.

도로를 봉쇄하여 광장으로

'난바 광장 개조계획'으로 이름 붙여진 사회실험에서는 2016년 11월 11일 금요일부터 3일간 난바역 앞 도로를 통행금지하여 우드데크를 깐 가설 광장을 만들었다. 역 앞 도로에 연결되는 택시 대기장도 함께 광장으로 만들어 라이브 공연을 위한 무대도 준비했다. 사람들이 쉴 수 있는 테이블과 의자도 준비하여 카페와 바도 출점했다. 게다가 내외국 여행자를 위한 정보센

[그림 1] 사회실험 전의 역 앞 광장(출처: 와다신지 '일반사단법인 모리기념재단 제6회 도시 비전 강연회 자료')

[그림 2] 사회실험 중의 역 앞 광장(출처: [그림 1]과 동일)

터도 만들어 체험형 마을 걷기 투어에서는 학생 자원봉사자가 활약했다.

11일에는 양질의 수공예품 시장인 '아시하라바시 UP Market'을 개최, 12일에는 'J:COM Present 난바역 앞 광장 특별 이벤트'를 개최하여 지역 예술가의 라이브 공연과 노천극장이 열렸다. 13일에는 난바에 본사를 두고 있는 구보타가 마르셰와 기업 PR 이벤트인 '구보타 어스 테라스'를 개최하는 등, 날마다 많은 프로그램이 개최되었다.

오사카의 새로운 상징공간을 지향

3일간의 사회실험에서 약 9만 명이 광장을 방문하여 지역방송의 뉴스에서도 다루어 큰 반응이 있었다. 걱정되었던 교통

[그림 3] 아시하라바시 UP Market(출처: [그림 1]과 동일)

[그림 4] 구보타 어스 테라스(출처: [그림 1]과 동일)

혼잡도 발생하지 않고 지역 상점가에서도 호평을 받았다. 방문한 일본인, 외국인에게 설문조사를 한 결과, 보행자공간에 대해서 일본인과 외국인 모두 약 90%가 '매우 좋다 · 좋다'라고 평가하였다. 많은 이벤트가 개최되었지만 '휴게공간', '음식점'으로서의 이용도 평가가 높아 일본인과 외국인 모두 앞으로도 개최했으면 한다는 의견이 1, 2위가 되었다.

이런 결과를 통해, 2017년에 난바 광장 개조를 위한 기본계획이 오사카시, 오사카부, 오사카 상공회의소와 지역협의회의 공공과 민간이 연계해 수립되었다. 기본계획에서는 난바역 앞 광장을 오사카의 환대관문으로서 세계를 매료시킬 만한 관광거점으로 하는 것, 그러기 위해 양질의 기분 좋은 공간을 조성하고 관광안내소를 설치하여 지역과 연계해 오사카를 여행하는 거점이 될 오사카의 새로운 상징공간을 목표로 하고 있다. 현재는 이 기본계획을 바탕으로 난바역 앞이 상설 광장이 되도록 관계자 및 관계기관과의 협의가 계속되고 있다.

[그림 5] 장래 역 앞 광장의 이미지(출처: [그림 1]과 동일)

8

미나토미라이21 공공공간 활용위원회

워터프런트의 신도심

요코하마 미나토미라이21은 요코하마항에 인접한 공업지역을 재개발하여 조성된 새로운 도심지구다. 고도성장기에 활약한 조선소가 이전한 부두, 철도용지를 포함한 거대한 부지가 1983년부터 재개발되었다. 미나토미라이 오도오리, 국제 오도오리가 건설되고 1989년에는 요코하마 박람회가 개최되어 도시환경 정비에 탄력이 붙었다. 그 후, 요코하마 미술관, 퍼시피코 요코하마, 요코하마 랜드마크 타워와 퀸즈 스퀘어 요코하마 등 거대한 시설이 건설되어 워터프런트의 신도심으로서 2017년에는 7900만 명이 방문하는 지역이 되었다.

마을만들기 활동과 조직

요코하마 미나토미라이21에서는 환경정비가 진행됨과 동시에 마을만들기 활동도 추진됐다. 1984년에는 '주식회사 요코하마 미나토미라이21'이 설립되어 2009년에는 새로운 '일반사단법인 요코하마 미나토미라이21'이 주식회사의 역할을 계승하는 형식으로 사업을 개시하였다. 구성원은 미나토미라이21 지구에 있는 토지 · 건물소유주, 시설 관리운영자 등에 의해 구성되어 요코하마시도 직원을 파견하여 함께 참가하고 있다.

설립목적은 마을만들기에 관한 다양한 주체가 함께 지역 매니지먼트를 실천하는 것으로 인해 요코하마 미나토미라이21의 매력을 향상하고 높은 질의 도시환경을 유지 · 향상을 도모하여 활력이 넘치는 국제문화도시 요코하마의 발전에 이바지하는 것이다.

나아가 세 개의 기본이념, 즉 다양한 활동이 공존하여 풍성한 도시문화를 양성하는 것, 안전하면서 높은 질의 마음 편한 도시환경을 형성하는 것, '미나토미라이21'의 브랜드를 육성 · 확립 · 발신하는 것이 정해져 있다.

사단법인은 마을만들기와 환경대책, 문화 · 프로모션 활동을 통해서 지역 전체를 운영하고 있다. 미나토미라이21 지구에는 공원과 넓은 도로 등의 공공공간이 계획적으로 정비되어 있어 그것들을 활용하여 지역의 매력과 활기에 이어지도록 하는 시도도 적극적으로 실시해 왔다. 2009년부터 국토교통성의 보조를 받아 지역의 공공공간인 그랜드 몰 공원, 공개공지, 기샤미치, 운하 파크의 항만녹지 등을 활용하여 활기 창출을 위해 계속해서 사회실험을 실시하였다. 2010, 2011년에는 '미나토미라이21 JAZZ & Wine', '수변경관 형성 사회실험(기샤미치 라이트 업 & 일루미네이션)' 등이 개최되었다. 2012년에는 오픈 카페와 벼룩시장, 2013년에는 음악 라이브 공연의 사회실험을 개최하여 진행 시의 절차방법 정리와 실제 과제 등을 검증해 왔다.

미나토미라이21 공공공간 활용위원회

미나토미라이21 지구에서는 사회실험이 호평을 받았기 때문에 행정규제가 완화되어 공공공간 활용을 더욱 추진할 수 있게 되었다. 2013년에 일반사단법인 요코하마 미나토미라이21 및 공공공간 활용을 희망하는 회원기업으로 구성된 ‘미나토미라이21 공공공간 활용위원회(이하, 위원회)가 설립되었다. 해당 위원회는 심사기준을 정해 위원회에서 일괄하여 승인 및 인허가 절차를 받는 것으로, 종래의 개별절차로는 허가되지 않았던 이벤트 실시가 가능해졌다. 이것으로 오픈 카페 실시를 위한 행정기관과의 협의와 신청은 ‘미나토미라이21 공공공간 활용위원회’가 일괄하여 담당하고 있다. 이벤트마다 행정과 협의하는 것은 필요하지만 과거 실적이 있는 이벤트는 협의가 간략화된 신청으로 가능하다.

위원회의 첫 활동으로서 2013년에 오픈 카페 ‘SOTOCAFE MM’을 시작하여, 2014년 CIAL 사쿠라기초의 개업과 함께 사쿠라기초 역 앞 광장에서도 SOTOCAFE가 실시되었다.

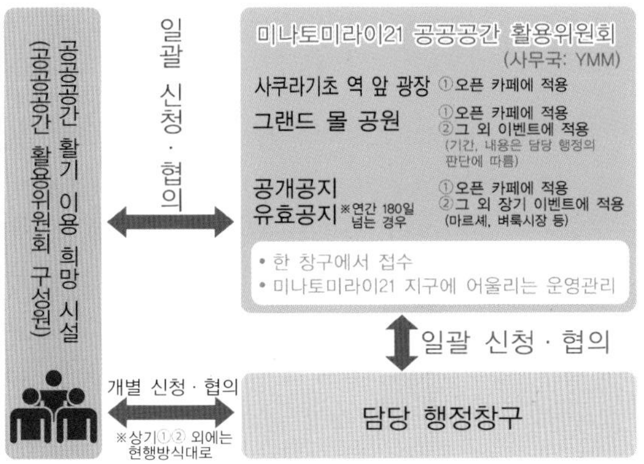

[그림 1] 간략화된 이용절차(출처: 요코하마 미나토미라이21 홈페이지)

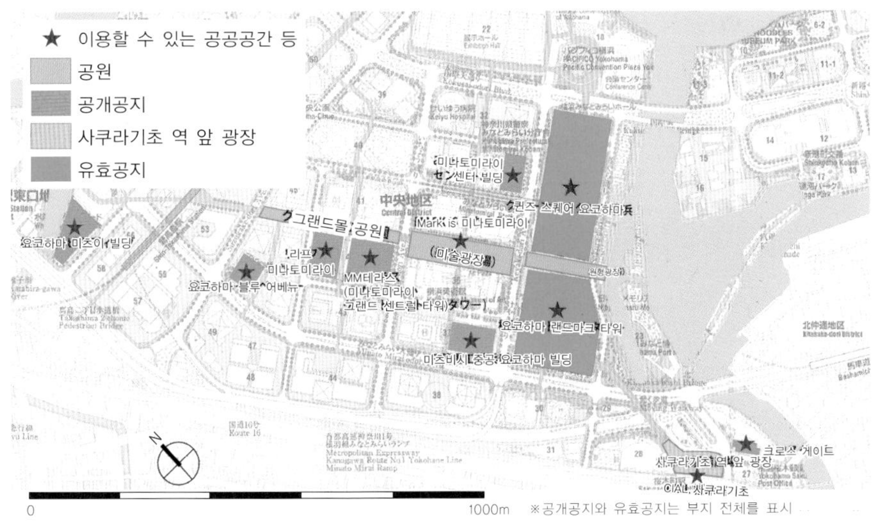

[그림 2] 이용할 수 있는 공공공간(2017년 4월 현재)(출처: [그림 1]과 동일)

9

롯폰기 힐즈 아레나

문화 도심 롯폰기 힐즈의 중심

2003년에 17년에 걸쳐서 완성한 롯폰기 힐즈는 도쿄의 문화 도심이 되기 위해서 업무시설과 주택뿐만 아니라 다양한 기능을 갖춘 복합개발 사례다. 높이가 238m인 모리 타워의 최상부에는 미술관과 전망대가 있고, 호텔과 복합상영관, 방송국, FM라디오 방송국이 위치해 있다. 그리고 롯폰기 힐즈의 중심부에는 개폐지붕형식의 이벤트 스페이스인 롯폰기 힐즈 아레나가 설치되어 있다. 게야키자카와 모리 정원에 면하는 넓이 약 1100㎡의 아레나는 롯폰기 힐즈 부지에 조성된 공간으로 이벤트와 콘서트, 퍼포먼스 등의 다양한 공연이 개최될 수 있도록 조명, 음향설비가 갖춰져 있다.

[그림 1] 롯폰기 힐즈(제공: 모리 빌딩 주식회사)

도쿄 국제영화제, 롯폰기 아트 나이트

2004년부터 매년 가을에 개최되는 도쿄 국제영화제에서는 레드카펫이 설치되어 아레나가 세계적인 스타들이 모이는 화려한 공간으로 변모된다. 또한, 복합상영관이 있어서 아레나에서는 신작 영화의 홍보가 많이 개최된다.

지역 전체가 아트 이벤트로 가득해지는 '롯폰기 아트 나이트'에서는 넓은 공간과 설비를 갖춘 아레나가 야외 중심회장으로 사용되고, 멋진 퍼포밍 아트와 이벤트가 계속해서 상연되어 밤늦게까지 사람들의 열기로 가득 찬다. 겨울의 게야키자카를 아름답게 꾸미는 일루미네이션의 점등식과 같은 상징적인 이벤트도 아레나에서 개최되고 있다.

그 외, 패션쇼와 신제품 홍보 등이 연간 수없이 개최되고 있어 현대의 최첨단 이벤트의 장으로서 아레나는 롯폰기 힐즈에서 빼놓을 수 없는 존재다.

커뮤니티 활동의 장

현대 대도시는 사람과 사람의 관계가 빈

[그림 2] 도쿄 국제영화제 2017(제공: [그림 1] 과 동일)

약해진 결과, 도시 활력과 매력을 잃을 수도 있다. 그것을 방지하기 위해 지역 주민 조직과 연계하여 다양한 커뮤니티 활동이 아레나에서 개최되고 있다. 롯폰기 힐즈에서는 주민뿐만 아니라 일하는 사람, 방문하는 사람도 포함한 타운 매니지먼트를 지향하고 있어 완성된 2003년부터 많은 시도를 하고 있다. 벚꽃이 필 무렵의 풍물인 롯폰기 힐즈 봄 축제, 그리고 여름 축제에는 지역 주민과 직장인, 방문객이 함께 즐겁게 교류하는 장이 되고 있다.

특히, 여름 축제에서는 지역 주민조직의 구성원이 악극인 '롯폰기락(六本木楽)'을 중심으로 활약하고 있다. '롯폰기락'은 고 노무라 만노조가 일본 전국의 전통 예능과 민속 예능을 담아 재구성한 음악무극인 '대전락(大田楽)'을 각색한 것으로 2006년부터 해마다 상연하고 있다. 이벤트 개최일의 한 달 전부터 주민, 직장인, 흥미를 느끼는 사람들이 함께 연습하여 공연 당일을 목표로 노력한다. 어릴 때부터 참가하여 지금은 어엿한 어른 연기자로 활약하는

[그림 3] 롯폰기 힐즈 여름 축제(제공: [그림 1]과 동일)

[그림 4] 악극 롯폰기락(제공: [그림 1]과 동일)

[그림 5] 롯폰기 힐즈 아레나(제공: [그림 1]과 동일)

사람도 있어 다음 세대까지 활동이 이어지고 있는 것은 굉장히 고무적이다.

지진재해훈련의 실시

롯폰기 힐즈의 개발에서는 방재도 중요시했다. 거대한 지진이 발생해도 무너지지 않도록 최신 내진기술이 도입되었고, 수도, 전기와 같은 라이프 라인을 확보하기 위해 재해용 우물, 에너지 플랜트를 부지 안에 갖추었다.

거기에 더해 중요한 것은 만일에 대처해 안전하게 하는 것이다. 모리 빌딩에서는 9월 1일 방재의 날과 한신 · 아와지 대지진이 있었던 1월 17일에 종합 지진재해훈련을, 또 3월 11일에는 롯폰기 힐즈 지역 주민조직과 함께 롯폰기 힐즈 지진재해훈련을 아레나에서 실시하고 있다. 롯폰기 힐즈 사원들은 응급처치, 소화기 사용 등 재해 발생 시의 초동대응에 필요한 활동을 체험한다. 2018년 1월 17일에는 미나토구 국제방재 자원봉사자와 근처의 대사관, 국제학교와 더불어 외국인 귀가 곤란자들을 받아들이는 훈련을 실시하여 지금까지 다방면의 사람들이 지진재해훈련에 참여했다.

아레나는 단순한 임대공간에 머물지 않고 세계를 겨냥하여 도쿄와 일본을 발신하는 기점으로 이용하거나 지역 커뮤니티 활동이나 방재 같은 중요한 역할을 담당하는 장소가 되었다. 그리고 이벤트가 개최되지 않을 때는 누구나 들어올 수 있도록 공공성이 높은 광장공간으로 많은 사람에게 이용되고 있다.

[그림 6] 지진재해훈련(제공: [그림 1]과 동일)

앞으로의 지역 매니지먼트 활동을 위한 평가와 재원

오늘날 지역 매니지먼트 단체는 대도시에서 중소도시까지 전국적으로 활동을 벌이고 있다. 이 활동들의 실제를 활동내용 및 활동이 전개되는 공간의 양면에 걸쳐서 소개해 왔다.

또한, 일본에서는 지역 매니지먼트 활동이 민간이나 대도시 도심부를 중심으로 전개되어 왔는데 이미 중소도시에도 파급되어 왔고, 이를 가속시키는 것이 일본의 도시재생에 있어서도 중요하다고 생각하고 있다. 이를 위해서 앞으로는 지역 매니지먼트를 공공과 민간의 연계를 바탕으로 진행할 필요가 있고, 해외의 BID 활동에 TIF의 체제가 연계해 나가는 것도 본문에서 언급하였다. 다만, 여기서 논하는 공공과 민간의 연계는 지금까지 관의 계획에 근거해 관의 세금이 일방적으로 사용되는 것이 아닌, 해외의 BID와 TIF의 시스템이 연계하고 있듯이 민간이 지역계획을 입안하여 진행하는 활동에 관의 세금이 투입되어 지역을 살리는 방향으로 협의되고 있는 것이 본문을 통해서 확인되었다는 점이 중요하다. 이를 다른 각도로 제시하면, 민간의 지역 매니지먼트 활동이 적극적으로 전개될 가능성이 높고, 이는 공공과 민간의 협의에 의해 실시되고 있는 지역에, 다른 지역에서 보면 불공평하게 보일 수도 있는, 세금을 투입하는 등의 정당성으로 이어진다고 말할 수 있다.

한편, 지금까지 전해 온 일본의 지역 매니지먼트 활동도 현실적으로는 다양한 과제를 지니고 있다. 지역 매니지먼트 활동을 많은 관계자의 이해를 얻어 전개하기에는 지역 매니지먼트 활동이 지역에 어떠한 효과를 미쳤는지, 정말로 지역가치를 높이고 있는지를 제시하는 노력을 하여야 한다. 또한, 어떠한 수법을 사용하여 지역가치의 향상을 평가할 것인가도 앞으로의 과제다.

이때 지역 매니지먼트 활동의 효과를 단기간에 기대하는 것은 큰 착오다. 해외의 지역 매니지먼트 활동도 기본적으로는 최저 5년의 기간에 걸쳐 평가하도록 되어 있는 것이 일반적이다. 또한 평가를 지가나 임대료의 향상 등 경제가치만으로 효과를 보려고 하지는 않는다. 지역 매니지먼트 활동은 지역에 가져오는 다면적인 효과, 지역 파급효과를 살펴봐야 하고, 이는 지역 매니지먼트 활동이 일정의 공공성을 지니고 있는 것을 배려한 평가가 필요하다고 생각한다. 다시 말하면, 다음 시대의 마을만들기에 관한 활동이 일본의 지역 매니지먼트 활동인 것을 인식하고 평가할 필요가 있다.

상기와 같은 지역 매니지먼트 활동에 평가의 시점을 고려하면, 일본의 지역 매니지먼트 활동이 다음 시대의 마을만들기의 중심이 되기 위해서라도 그것을 충분히 전개하기 위한 재원의 확보가 중요하다. 일본의 지역 매니지먼트 활동을 전개하고 있는 조직에 물으면 주요 문제점으로 재원문제를 들고 있는 것을 알 수 있다. 특히, 해외의 지역 매니지먼트 활동(BID 활동)의 실태를 연구하면 일본의 현황과 큰 차이가 있다는 것을 이해할 수 있다.

지역 매니지먼트 활동의 효과와 평가

지역 매니지먼트 활동에 기대되는 효과

지역 매니지먼트 활동에 기대되는 효과는, 첫째로 공공성(구역 외부로 번져가는 공공성과 구역 안으로의 외부효과)에 의해 사회와 지역을 좋게 하는 것이다. 둘째로, 상호주의에 의해 지역에서 지역 매니지먼트 활동을 전개하여 생긴 장점이 활동조직을 담당하는 자에게 좋은 영향을 미치는 것이다. 셋째로 지역가치 증가로 도시경영적 관점에서 유의하다는 점에 있다.

상기의 것을 전체로 보면 첫째의 공공성 측면이라는 것은, 지역 외부에 있는 사람이나 외부에서 지역에 오는 사람은 지역 매니지먼트 활동에 의한 효과에 대해 무임승차자가 될 수밖에 없기 때문에 지역 매니지먼트 공간을 포함하여 공간도 활동도 공공재에 가깝게 된다. 따라서 지역 매니지먼트 활동은 공공성이 있다고 말할 수 있다. 둘째, 상호주의 측면에서는 지역 내의 사람에게는 무임승차자를 발생시키지 않는다는 것이다. 즉, 서로 지역 매니지먼트 활동을 실시하는 것에 의해 지역의 가치를 높이는 것이 지역 내의 사람들에게 있어서 넓은 의미에서의 이익으로 연결된다고 말할 수 있다. 게다가 제3의 지역가치 증가성이라는 것은 지역 매니지먼트 활동은 상업진흥 등에 의해 민간의 관계자에게 이익을 가져다주고, 또한 지역가치의 증가는 공에 대한 세수 증가라는 형태로 효과를 발휘하고, 세금을 사용하는 것이 아니라 세금을 투자하는 효과를 만들어내게 된다.

지역 매니지먼트 효과를 실현하기 위한 조건

첫째로, 단기적인 효과만을 기대하는 것이 아니라, 일정 기간에 걸쳐 앞에서 언급한 효과가 발휘되는 것을 지역 매니지먼트 단체로서, 또는 이를 담당하는 주체로서 이해할 필요가 있다. 둘째로, 민간 측의 지역 매니지먼트 활동의 효과가 발휘되기까지를 포함하여, 활동의 의미에 따라 공적 측면에 가까운 인프라 정비, 조성, 게다가 규제완화가 이루어지는 시스템을 준비해야 한다.

셋째로는 상기의 두 가지 특성을 실현하는 데에는 지역 매니지먼트 단체의 조성을 지역 내의 민간 개개의 의향에만 맡겨선 안 된다. 해외의 BID조직을 조성할 때 일정 수의 찬성으로 실현하는 등의 사례에서 본 바와 같이 어느 정도 강제력을 가지는 시스템을 구축할 필요가 있다.

지역의 다양성을 추구하는 활동일 것

현시점에서 지역 매니지먼트 활동이 어느 정도 대규모 개발에서 많이 실시되고 있고, 이를 담당하는 중심주체 등이 존재하는 지구에서 진행되고 있다. 그런데 앞으로 중소규모의 빌딩 주인이 중심인 기성 시가지에서의 추진도 고려된다는 점에서, 지역 매니지먼트 활동도 종래와는 다른 활동과 시스템이 고려되어야 한다.

앞으로의 지역 매니지먼트 활동을 고려하면, 업무상업형 지구, 대도시 상업지구, 지방도시 중심부지구, 계획적 주택지구, 빈 땅 등이 산재한 교외 주택지구 등에 따라 서로 다른 시스템이 필요하다.

또한, 상기의 다양성에 대응하여 다양한 방향을 포함할 수 있는 범용성 있는 시스템을 고려할 필요도 있다고 판단된다.

지역 매니지먼트 활동에 관여하는 다양한 공공주체에의 대응

개발단계에서는 민간으로서 지역의 개발사업자가 공공의 개발 관계부국과의 사이에서 개발에 필요한 절차를 거치게 된다. 대부분은 개발할 때의 규제에 관한 절차다. 그러나 이러한 규제단계와 매니지먼트 단계에서는 공공과 민간의 관계가 서로 다르다. 민간은 지역 내의 개발사업자만이 아니라, 개발사업자도 포함한 지역 매니지먼트 단체가 중심이 된다. 또한 공공 측의 관계주체도 개발 단계와는 다르다. 지금까지 개발에서도 개발해 온 지자체 행정도 건설에 관한 부국에서 관리운영에 관한 부국으로 이행된다. 예를 들어, 가로건설과에서 노정과路政課로의 이행 등의 경우다. 게다가 특징적인 것은 개발단계에서 관계해 오지 않았던 특히, 경찰, 보건소 등의 대응이 민간에게는 필요하게 된다.

한편, 지역 전체에서 개발이 한꺼번에 진행되는 지역이나 개별 개발이 지역 전체로 서서히 진행되는 지역에서 개발단계의 조직이 매니지먼트 단계까지 이어지게 함으로써 공공과의 관계가 순조로워지게 할 수도 있고, 이는 경찰과 보건소 등 다른 공공과의 관계에서도 동등하다.

지역 매니지먼트 단체는 대부분의 경우, 지역에 관계하는 다양한 주체와 협의회를 조직하고 있다. 그 경우, 협의회에 경찰을 포함한 다양한 공공주체가 참가하게 하는 것도 앞으로는 필요하다.

지역 매니지먼트 활동의 효과를 발휘하기 위한 시스템

지역 매니지먼트 활동을 미리 고려하여 활동공간을 확보하는 것이 중요하다. 도로는 기본적으로 공공의 것이기 때문에 민간의 이용에는 여러 규제가 적용된다. 따라서 활동하고자 하는 구역 내에 공간을 배치하려면 그 공간을 도로가 아닌 공물관리법에 적용되지 않는 조례광장(도시계획법 상의 광장) 등으로 해두는 것도 중요하다.

또한, 개발단계에서 행정의 대응은 이미 일정 시스템이 이루어져 있기 때문에 일반적이지만, 운영관리(매니지먼트) 단계의 행정 측 시스템은 만들어져 있지 않은 것이 대부분이다. 최근에는 오사카와 같이 지역 매니지먼트 대응을 일괄 실시하는 체제를 정비하고 있는 공공도 나오고 있기 때문에, 지역 매니지먼트 활동에 원스톱으로 대응하는 공공의 조직이 생겨날 것이 앞으로 기대된다.

지역 매니지먼트 활동을 평가한다

지역 매니지먼트 활동을 평가하는 데에는 먼저 논의했던 지역 매니지먼트 활동에 기대하는 효과에 대응하여 생각할 필요가 있다. 첫 번째의 공공성(구역 외부로 번져가는 공공성과 구역 안으로의 외부효과)에 의해 사회와 지역을 좋게 하는 것을 평가하는 데에는 외부에서 방문하는 시민에게 설문조사를 하는 것 등이 고려된다. 반면, 두 번째의 상호주의에 의해 지역 내에서 지역 매니지먼트 활동을 전개하는 것에 의한 장점이 활동조직을 담당하는 자에게 미칠 것인가, 아닌가를 평가하는 데에는 지역의 이벤트에 방문하는 사람 수 등의 시계열적 변화를 조사하는 등, 객관적인 수치 데이터를 얻는 것이 필요하다. 게다가 세 번째의 지역가치 증가에 의해 도시 경영적 시점에서 효과가 있는 활동이라는 것을 평가하기에는 단적으로는 지가와 임대료의 변동을 바탕으로 한 평가가 고려될 수 있다. 그러나 상기와 같은 개별 시점에서 평가하는 것이 아니라, 지역 매니지먼트 활동 전체를 평가하려면 지역의 활동계획을 적절히 책정하고, 민간의 지역 관계자 내지는 공공의 지자체 등의 양자에 따라 계획의 달성도를 측정하는 방법이 고려될 수 있다.

일본의 지역 매니지먼트 활동과 재원

일본의 지역 매니지먼트 단체는 관리업무 위탁, 지역 매니지먼트 광고사업, 공간활용사업, 기타 사업 등, 다양한 노력을 실시하면서 재원을 확보하고 있다.

예를 들어 다이마루유 지구를 사례로 보면, 지역 매니지먼트 광고사업은 나카 거리를 대상으로 한 옥외 배너 등을 이용하여 기업광고와 지역 프로모션 등을 실시한다. 이는 지역의 활기와 경관향상을 도모하는 활동이자 자주 재원 확보를 겨냥한 시도이기도 하다. 현 시점에서는 사회실험에서 큰 성과를 얻어 본격적으로 실시하고자 하고 있다.

그러나 도로 · 광장 활용, 광고사업에 수익을 높이더라도, 실제로는 재원이 부족한 지역 매니지먼트 단체가 대부분이다. 장기적인 관점에서 활동의 효과를 볼 수 있는지가 중요하고, 이를 위해서는 관계자가 일정기간 활동을 계속할 수 있는지에 달려 있다.

이 가운데 특히 주목할 것은 삿포로역 앞 도로 마을만들기 주식회사가 2억 엔 전후의 재원(수입)을 지니고, 롯폰기 힐즈가 지역 내의 공간을 활용해 지역 매니지먼트 활동비용 대부분을 충당하고 있는 것이다. 여기에서, 롯폰기 힐즈도 삿포로도 미리 재원을 확보하기 위한 활동을 전개할 공간을 만들고 있다는 것에 주의할 필요가 있다. 앞에서 서술한 바와 같이 미국에서는 TIF 제도를 활용하여 지자체가 공간정비 등을 실시하고, 그 공간을 이용하여 BID가 지역 매니지먼트 활동을 실시하는 것과 같이, 공공과 민간이 서로 연계하여 움직이고 있다. 이는 돈을 버는 공간을 행정 측이 만들고 있다고도 볼 수 있다. 삿포로도 지하도를 행정 측이 만들어 그

지하도의 공간을 지역 매니지먼트 단체가 거의 독점 활용할 수 있도록 하고 있다. 즉, 미리 공간이 만들어지는 곳에서는 그 나름의 수익활동이 가능한 것이 현실이다. 그랜드 프론트 오사카의 광장, 아트리움 등의 공간 정비가 이러한 사례라 볼 수 있다. 재원과 공간과의 관계 또는 재원과 도시정비와의 관계가 중요하다.

재원문제는 지역 매니지먼트 활동의 계속성과 관련된다

또한 재원 확보는 지역 매니지먼트 단체의 계속성과 관련되어 있고, 게다가 우수한 인재 확보에도 깊게 관련되어 있다. 재원이 있기 때문에 다양한 활동이 가능하다는 점에서 재원은 지역 매니지먼트 활동에서 중요한 기초적인 요소다. 이러한 중요성에도 불구하고, 일본의 기존 세금체계에서는 다양한 노력을 통해 지역 매니지먼트 활동을 위한 재원을 확보하고 있는 지역 매니지먼트 단체에 있어서도 과세를 부과하고 있는 것이 현실이다. 이러한 세금체계를 포함한 전반적인 사회 시스템 측면에서 재원문제를 의논할 필요가 있다.

또한 토지구획정리사업과 시가지 재개발사업이 끝난 후 남겨진 자금이 사업 후에 어떻게 사용될 것이가는 국가와 사업관계자도 주목하고 논의를 시작하고 있다. 이 자금을 지역 매니지먼트 활동자금으로 활용할 수 있게 되면, 토지구획정리사업과 시가지 재개발사업 등이 끝난 후, 이들 지역에 지역 매니지먼트 단체가 만들어져 지역 매니지먼트 활동을 전개할 때의 재원으로 활용할 수 있을 것으로 기대한다.

오사카판 BID

최근 만들어진 오사카시 BID 제도는 일본의 지역 매니지먼트와 재원의 관계에서 획기적인 제도 시스템이다. 오사카 마을만들기 추진조례(일본판 BID 제도)의 재원은 분담금이고, 지방자치법에 근거한 것이다. 일정의 강제력을 지니고 있고, 임의의 위탁금과는 다른 의미로 장점이 있는 한편, 사용용도는 공공시설의 유지관리 등에 한정되는 등 각종 장점을 지닌 시스템이다.

조례의 시스템은 지역 내에서 도시편의 증진협정을 체결한 곳에서 세수를 확보하고 있는데, 분담금이 본 협정에 의해 실시되는 편의 증진에 관련되는 시설 및 활동밖에 활용되지 못하는 딜레마가 있다.

이러한 점에서 이번 오사카판 BID 조례는 완성형이 아니라, 일본에서 새로운 지역 매니지먼트 활동의 재원을 확보하는 시스템을 고민해 나가는 발전단계에 있다고 말할 수 있다.

지역재생 지역 매니지먼트 분담금 제도

일본의 지역 매니지먼트 활동에서는 안정적인 재원 확보가 주요한 과제가 되고 있다. 지역 매니지먼트 활동을 진행하는 지역에서도 활동의 성과를 높이 평가하면서도 활동에 요구되는 비용을 부담하지 않는 무임승차자의 문제를 해결하는 것이 중요하다. 하지만 민간인 지역 매니지먼트 단체가 자주적으로 실시하는 활동에서 무임승차자에게 강제로 비용을 징수하기는 어렵다. 이에 2018년에 내각부가 미국, 영국 등의 지역 매니지먼트 단체가 실시하는 지역재생에 도움을 주는 지역에서의 BID 활동사례 등을 참고하여 제도를 창설하였다. 사업자 3분의 2 이상의 동의가 필요한 이 제도는 지역 매니지먼트 활동에 필요한 비용(수익자 분담금)을 활동구역 내의 수익자(사업자)의 수익한도에 근거하여 징수하고, 이를 지역 매니지먼트 단체에 교부하는 공공과 민간의 연계제도(지역재생 지역 매니지먼트 분담금제도)다. 이 제도로 지역재생에 도움을 주는 지역 매니지먼트 활동의 추진을 도모하는 하나의 큰 축이 만들어졌다.

구체적으로는 시구정촌이 지역재생계획을 국가(내각총리대신)에 신청하여 인정을 받는다. 이후, 지역 매니지먼트 단체(법인)가 지역 방문객 편의증진활동계획(5년 이내)을 만들어 시구정촌에 신청한다. 신청에는 지역 내의 소매업자, 서비스업자, 부동산임대업자 등 사업자의 3분의 2 이상의 동의가 필요하다. 이후, 시정촌 의회의 의결을 거쳐 시구정촌이 지역 매니지먼트 단체에 인정하는 의사를 전달한다. 한편, 시정촌은 의회와 상의하여 분담금 조례를 제정하고 그 조례에 따라 시정촌은 지역 내의 사업자(수익자)에게 수익자 분담금을 징수한다. 그 징수한 분담금을 시정촌은 지역 매니지먼트 단체의 교부금 형태로 교부하고, 지역 매니지먼트 단체는 이를 재원으로 하여 지역 매니지먼트 활동을 전개하게 된다. 다만, 3분의 1을 넘는 사업자의 동의에 근거하여 계획기간 중 계획의 취소 등도 규정되어 있다.

재원문제에 대해 공공과 민간의 보완관계

지역 매니지먼트 활동에서 재원을 획득하는 시스템으로서, 공간이 일정 정도 정비되어 있는 지역에서의 사례가 많은 것은 상기

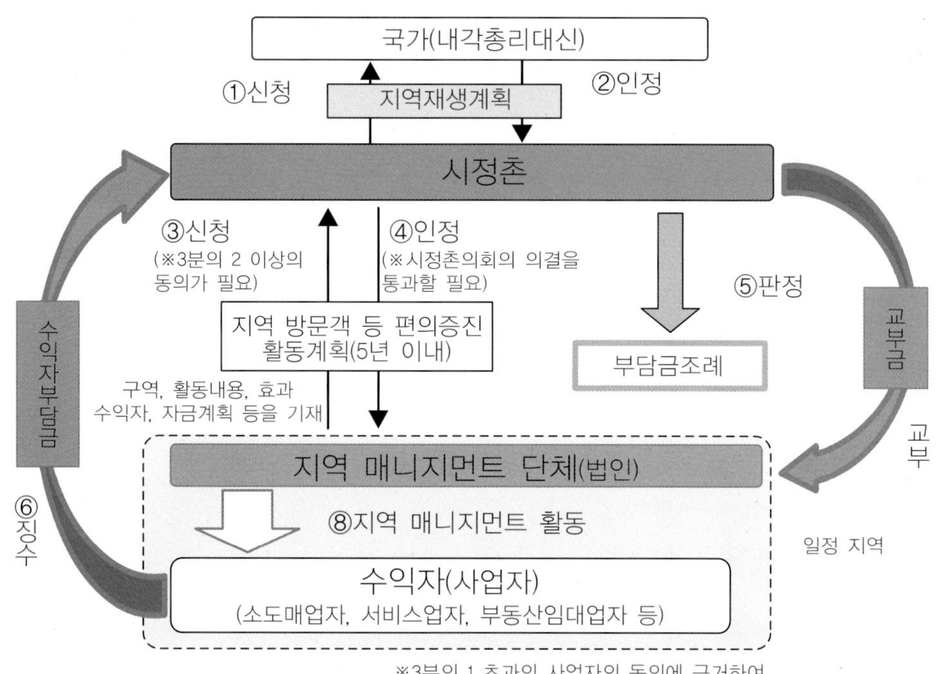

[그림 1] 지역재생 지역 매니지먼트 분담금제도의 개요(내각부 자료를 통해 작성)

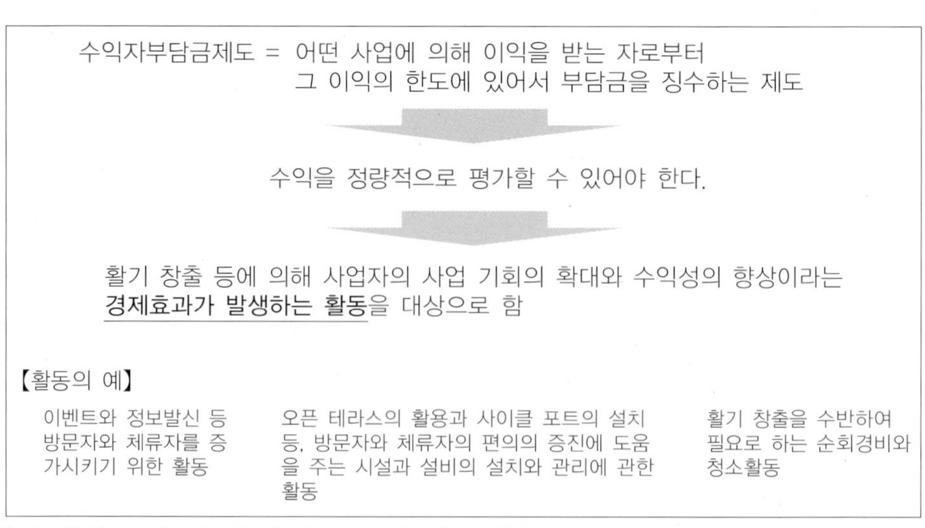

[그림 2] 분담금제도의 대상이 되는 지역 매니지먼트 활동(내각부 자료를 통해 작성)

에서 논한 바와 같다. 다만, 이는 계획적으로 개발된 경우로, 이들 이외의 지역에서는 좀처럼 이러한 공간을 만들어내기 힘들고 실제로는 재원 확보가 어렵다는 얘기로 이어지기 쉽다.

그러나 미국에서는 공공이 공공시설을 TIF와 같은 시스템을 이용하여 정비하고, TIF로 정비한 공공공간을 BID가 활용하여 지역 매니지먼트 활동(예를 들면, 오픈 카페)을 전개하고 재원으로 하는 등, TIF와 BID는 깊은 관계를 지니고 있다. 예를 들어 앞에서 본 시카고에서는 지역의 지역 매니지먼트 단체가 TIF로 확장된 중심가로의 보행공간을 활용하여 BID 재원을 전개하고 있다. 이는 행정이 중심이 되어 TIF로 시설을 정비하기 전에, 그 지역의 BID 조직과 활동에 대해서 협의하는 관계에 의해 성립되고 있다.

일본의 앞으로의 재원에 대한 논의를 고려해 보면, 향후 마을만들기에서 BID 시스템을 도입한다면, TIF와 같은 제도도 함께 할 것을 고민해야 한다. 단, 영국의 BID도 같은 상황에 있다고 생각된다. 영국의 BID에서는 지자체가 공공투자를 하고 있는 부분이 상당히 있고, 지역의 BID 활동의 재원 중 3분의 1을 공공단체가 그 지역에 투자한 것으로 진행되고 있다.

(지역 매니지먼트 활동의 재원에 대해서는 지역 매니지먼트 활동의 평가와 함께 별도 시리즈로 간행하는 저서를 통해 소개할 예정이다.)

일반재단법인 모리기념재단(森記念財團)

모리기념재단은 1981년에 설립되어 보다 좋은 도시 형성을 위해 일본의 사회, 경제, 문화 변화에 대응하고 시대에 맞는 도시 만들기, 마을 만들기에 관한 조사연구 및 보급, 개발을 주체로 한 공익적인 사업 활동을 전개하고 있다.

[저자 일람]

고바야시 시게노리(小林重敬)(머리말, 1장, 앞으로의 지역 매니지먼트 활동을 위한 평가와 재원)
일반재단법인 모리기념재단 이사장, 요코하마 국립대학 명예교수, 전국 지역 매니지먼트 네트워크 회장, 공학박사

니시오 시게키(西尾茂紀)(5장)
일반재단법인 모리기념재단 상급연구원

소노다 야스다카(園田康貴)(4장)
일반재단법인 모리기념재단 주임연구원

와키모토 게이지(脇本敬治)(전국의 지역 매니지먼트 1,3,4,5,6,7,8,9)
일반재단법인 모리기념재단 연구원

니와 유카리(丹羽由佳里)(2장, 칼럼1, 전국의 지역 매니지먼트 2)
도쿄 도시대학 환경학부 부교수

호리 히로후미(堀裕典)(3장, 칼럼 2)
오카야마 대학 환경이공학부 부교수

[협력]
전국 지역 매지니먼트 네트워크
주식회사 어번어소시에이트
NPO 법인 다이마루유 지역 매니지먼트 협회(리가레)
모리 빌딩 주식회사